创新大师

打造永富创新力的企业

MASTERS OF INNOVATION
Building the Perpetually Innovative Company

〔德〕卡伊·恩格尔
〔美〕维奥莱特卡·德尔莱亚 著 孔雁 译
〔荷〕约亨·格拉夫

2016年·北京

MASTERS OF INNOVATION
Building the Perpetually Innovative Company
ⓒA.T.Kearney 2015
ⓒLID Publishing
Copyright licensed by LID Publishing
arranged with Andrew Nuremberg Associated International Limited

目　录

前言 / 1

第一章　拜见创新大师 / 3

第二章　构建创新组织的基础 / 23

第三章　完成创新战略的早期工作 / 46

第四章　最优化创新组合的价值 / 68

第五章　提高创新的效率和速度 / 88

第六章　提高创新的利润率 / 111

第七章　"最佳创新企业"的实践 / 132

致谢 / 147

注释 / 151

作者简介 / 154

前　言

2003年我们在德国举办了第一届最佳创新企业大赛，目标是发现一些最具创新能力的企业，并将其成功经验传播开来。我们希望能够告诉世人，即便全球涌现了众多低成本的竞争者，但凭借自身高超的创新管理能力，德国的企业仍能保有竞争地位。

十多年后的今天，最佳创新企业大赛已经在将近20个国家展开，包括美国、大多数欧洲国家、巴西、俄罗斯和中国。我们已经发现了全世界最具创新力的企业，以及它们在创新管理中值得学习的做法。经过十年的研究，我们发现在卓越的创新管理能力和可持续性利润增长之间有着密不可分的联系。最佳创新企业大赛的获奖企业就是活生生的例子。另外，我们的研究还发现，过去十年间CEO们最关注的问题中，创新话题已经从前十位的位置上升到了前三位。

我们写作这本书的目的与2003年第一次举办创新大赛的目的相似：发现并分享最佳创新企业卓越的创新管理实践活动。我们所能提供的，远不止十年研究所积累的数据，更有多年来雄踞大赛榜首的各成功企业的高级管理人员的洞见。法拉利、3M、惠而浦、汉高和大众等公司的高级管理人员将告诉我们，创新是个可重复的过程，我们可以学习它们的经验，并通过系统实践真正经得起考验的五大价值杠杆，来完善自己的企业管理。

我们相信，即便在今天这个不断变化的动态世界，《创新大师》一书将为我们的创新追求带来新鲜的思维——在未来几十年的时间里，我们仍会受益于此。我们将本书献给所有高级管理人员和团队，尤其要呈给那些希望在自身的创新实践中获得真正、实质性进步的人。

第一章
拜见创新大师

创新不是艺术,而是能力。过去的 15 年中,大量创新书籍涌现市场,动听地讲述着那些灵光一现的瞬间、富有魅力的领导人等故事。这些故事虽然表面趣味横生,但对于指导组织构建自己的创新能力却没有实用价值,不过是引人幻想会有同样的灵感降临或者人格有趣的 CEO 罢了。这些故事所缺乏的,是创新产生的机制,而不是让公司踏上赚钱之路的突破瞬间。

《创新大师》告诉我们,创新是可重复的流程,人们可对此加以研究、学习和实践,它可以使公司保持几十年的赢利性增长。本书将教给你如何架构永富创新力的组织,分享"最佳创新企业"高级团队的操作经验——这些精英公司来自世界各地的不同行业,规模大小各不相同。

由科尔尼公司(A.T. Kearney)和德国商业杂志《经济周刊》共同举办的首届"最佳创新企业"大赛于 2003 年在德国举行。该大赛推选出行业内表现卓著的公司,不仅仅因为其产品抢眼、资产负债表健康——当然它们无疑做到了这些,更是因为它们成功构建了能够持续创新的组织机制。本书就探索了这些创新机制的杠杆,以及如何撬动创新杠杆。

我们会讨论不同类型的创新,从产品创新到流程创新,从商业模式创新到服务创新。无论哪种类型的创新,都具有一个共同点:它们最初都只是一个点子,最终成为了市场现实。在其真金白银地开始赚钱之前,并没有谁赋予其"创新"的称号。

最佳创新企业大赛

2003年在德国首次举办了"最佳创新企业"大赛，部分目的是为了回应在西欧引起广泛关注的一个现象：发展中国家涌现出很多经验丰富的低成本竞争者，它们正威胁着现有市场参与者的长期利润率，甚至威胁到它们的生存。竞赛的组织者们希望聚焦于那些伟大的创新家，挖掘他们的创新秘诀。

目前该竞赛已有将近20个国家的组织参与，包括西欧诸国、美国、俄罗斯、巴西及中国等。关于如何在创新管理中脱颖而出，频现大量的真知灼见。在每年一度的最佳创新管理评比中，评审们关注各公司的创新方法，深入研究了领先公司如何应用创新战略来获得更高的产出。

首先，每个参赛者都要完成一份在线问卷调查。在自我测评中，参赛者需要描述他们的创新战略，及组织内从上至下的积极支持程度。他们还可以提供公司或企业单位内部创新路径的相关信息。

评委们分析调查问卷，同时使用质性标准和量化标准衡量创新。评估主要围绕着创新生命周期管理流程的严谨性和影响力进行，其中会涉及一些关键指标，例如创新文化是否深植于组织内部。总体上，评委们探究的是创新是否具有连续性，是否有效。

评委们对初赛者进行筛选后，由科尔尼公司的合伙人对高分获得者进行现场考察，并与其CEO及创新管理团队展开别开生面的讨论会。现场考察后，评委们会利用基于调查问卷和实地考察的结构评估系统选出获胜者。评委会成员都是来自工业界、学术界和政府的杰出人士（为了避免利益冲突，科尔尼公司的成员不会参与评选）。无论是赢是输，在竞赛结束时每位参赛选手都会得到一份保密的创新机制分析书。

在十多年的时间里，该大赛已经有将近20个国家的2,000多个组织参与。在本书中，我们将分享所有参赛组织的宝贵经验，而不仅限于获胜者。

本书展现给读者的并不是框架式或者条目式的内容。它将呈现世界"最佳创新企业"的真实经历。它们并不是彼时的热门公司，相反，却往往成长于一些人们认为增长缓慢的传统行业，如汽车、铁路运输、家用电器等行业。很多已经经历了数代的经营，然而仍在成长之中。大家可以比较一下我们的创新公司成长记录与《财富》1000强公司的榜单，后者在1993—2003年期间有着60%的大换血。而2003年正是我们开展"最佳创新企业"大赛的第一年。[1]

由于"最佳创新企业"致力于长期利润增长，其股东们均得到了令人满意的回报。自从大赛展开以来，"最佳创新企业"的股价表现不仅超越了其同类公司，而且优于整个股票市场。

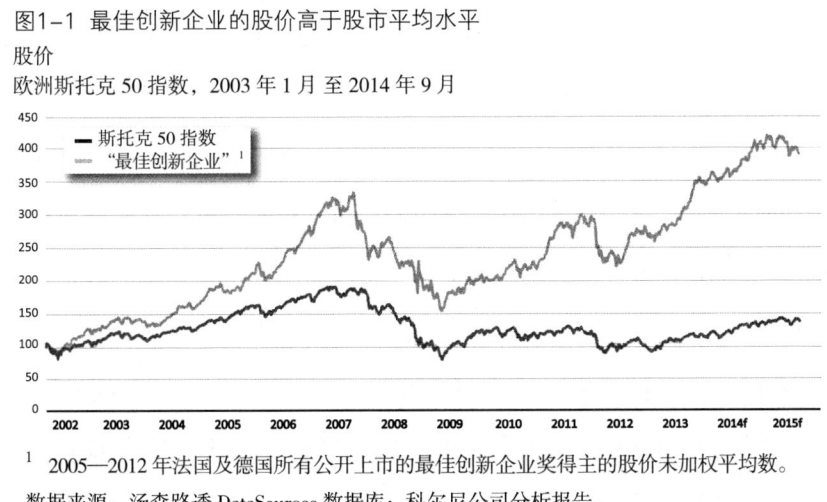

图1-1 最佳创新企业的股价高于股市平均水平
股价
欧洲斯托克50指数，2003年1月至2014年9月

[1] 2005—2012年法国及德国所有公开上市的最佳创新企业奖得主的股价未加权平均数。
数据来源：汤森路透DataSources数据库；科尔尼公司分析报告。

共同的特质

"最佳创新企业"常常处于压力之下：有时它们面临其核心产品被货品化的威胁，有时面临与新入市者或新贵科技的竞争。然而，它们的

> "创新的构成是5%的分析，加上95%全力而快速的实施。利润率要求我们在可增长领域进行投资，因为公司的资源是有限的。"
>
> ——罗尔夫·霍兰德（Rolf Hollander），CEWE彩印有限公司

高人之处就在于其创新战略不是被动的。不管是处于顺境还是逆境，其战略都具有持续的前瞻性，易于进行路径修正，但绝对目标明确。

比如，"最佳创新企业"常会根据自身情况，对3M公司的"新产品活力指数"（NPVI）进行修改，以计算在过去5年中其上市的新产品给公司带来的收入比重。对于它们来说，类似新产品活力指数的关键业绩指标（KPI）不是后顾性的会计工具，而是衡量整个创新组合进展情况的即时工具。它以事实为基础，反映了公司哪些方面进展顺利，哪些方面需要做路径调整。

"最佳创新企业"具有共同的特质。流程整合和根植于公司的创新文化是其典型特点。它们总是拥有一种关注未来、思考未来的心态，因此不会因为变化而惊慌失措，乱了阵脚。

拿CEWE公司(CEWE Stiftung&Co.KGaA，2010年度德国"最佳创新企业"）为例。自1961年成立之时起，CEWE便一直在欧洲胶片处理业务中处于领先地位，是富士、柯达等世界品牌的竞争对手。但现在胶片摄影只是一个利基市场。过去的20年中，市场占有者们竭尽全力应对数码摄影时代来临的挑战，以求得生存之机。

随着曾经的巨头退出摄影市场，CEWE依旧在成长。比其竞争对手富有远见的是，早在20世纪90年代，CEWE就洞察到数码摄影将会颠覆现有的商业模式。在大笔投资于数码洗印能力开发的同时，公司的核心模拟业务仍在增长——虽然该战略选择在初期曾引发一些内部阻力。即便在数码摄影逐渐成为主导消费技术的同时，CEWE也做好了准备以应对互联网将给照片洗印商业模式带来的转型。早在1994年，它就着手开发在线照片洗印业务，为消费者提供一系列的个性化服务，例如日

历、海报，甚至是油画。2006 年，基于公司的零售商历史数据库推出了 CEWE 照片书（CEWE PHOTOBOOK），这对于公司的可持续增长是最重要的一步棋。现在，公司已经售出了上百万册照片书。

总有一天，这些成功创新也会走向其生命周期的终点，而 CEWE 同样会为此做好准备。它密切关注着影响其业务的潮流趋向，并预测到下一个重大机遇将来自移动设备。

"创新的构成是 5% 的分析，加上 95% 全力而快速的实施。" CEWE 的主席罗尔夫·霍兰德如是说，"利润率要求我们在可增长领域进行投资，因为公司的资源是有限的。我们需要将精力集中在能够带来业绩增长的主要领域，寻找适当的创新探索渠道。"

创新绝不是砸钱办事

我们的"最佳创新企业"包括一些行业大亨，你将会在本书中见到惠而浦、3M、法拉利、可口可乐和大众汽车公司的身影。但"最佳创新企业"俱乐部更具魅力的原因，在于其成员规模大小不一，行业丰富多样。在众多引人注目的故事中，有两个中等规模的捷克公司最抢眼：LINET 作为一家只有 800 名雇员的高级医用病床生产商，销售额却达到了 1.6 亿美元；另一家是拥有 2,000 名雇员的 ČKD 公司，该公司在冷战后的 25 年内，成功地从苦苦挣扎的电车生产商转型为能源工程及服务的世界级大牛。

"最佳创新企业"带给我们的经验并不取决于商业利益、规模或地区。例如，从上述分析所提供的公开数据中我们惊讶地发现，企业研发预算和创新之间没有任何关联性（见图 1-2）。

而且，根据息税前利润额数据我们也可以看到，研发投资和利润率之间也没有联系。只要以正确的方式做了正确的事，利润就会给其回报。

"最佳创新企业"的客观数据告诉我们，重要的不是你花了多少钱，

图1-2 研发支出和利润增长之间的非必然联系
某些行业研发支出和息税前利润之间的相关性
（以销售额的百分比计算）

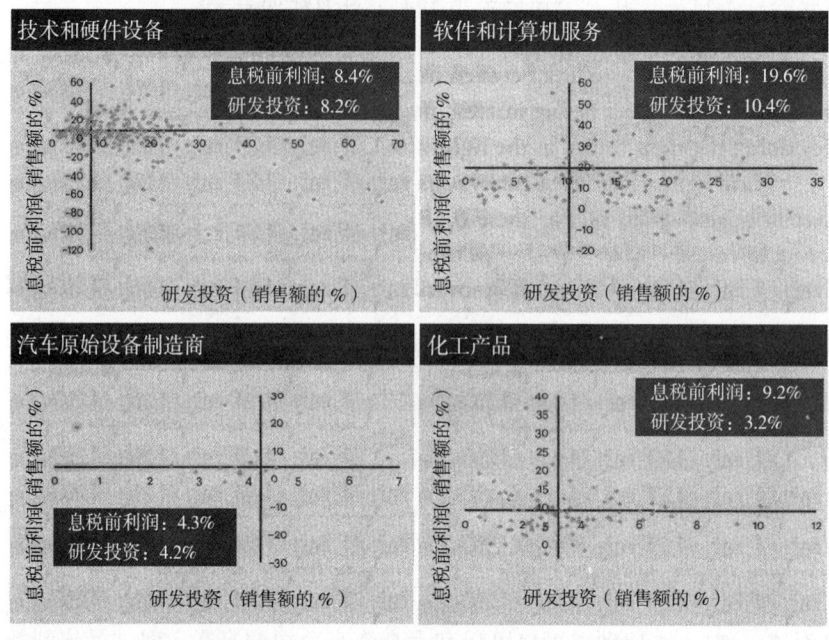

数据来源：英国贸工部对全球前1,250家企业的研发记分板；科尔尼公司分析报告。

而是怎样花的这些钱。对于这些企业来说，创新不是靠大笔的投入——大量的人力、物力和财力，也不是灵光一现的结果。对于它们来说，创新是管理能力的体现，是可重复的流程。

为了确保其创新战略的正确性，"最佳创新企业"会首先投资于了解市场、技术和服务的动态。它们投入的主要是时间，而非金钱。一旦确定了创新战略（不只是纸上谈兵，而是得到所有重要的内部决策者的认同），它们就开始收集那些有潜在价值的创意，将其纳入管理战略组合。我们称之为战略组合搜索字段。这就是创新流的活水源头。

有时，我们将"最佳创新企业"的理念概括为"来自市场，走向市场"。其内涵是，创新的胚芽萌发于对市场的密切关注，倾听顾客的声音——通常在市场其他竞争者还没有任何意识的时候。CEWE的数码洗印就是这样一个例子。创新组合的前期工作就是收集这种关注带来的创意。我们称之为创意开发的"理想结果途径",即通过探寻顾客的需要来定义市场的口味。要对这些创意进行有效管理,则必须保证其与公司战略之间的密切联系。

情感和事实

管理满富创意的创新组合将带来智力挑战和组织挑战。在本书中,当我们讨论创新组合管理时,我们要重点讨论如何将来自市场洞察的创意变成产品投放于市场。实际上,在大型公司里会有上百个胚芽期的产品构想,小公司里也会有几十个,都处于其生命周期的不同阶段。这些构想会相互交叠,相互影响。企业就需要对这些交叠和影响进行管理,而管理方式应该在企业文化和制度流程中明确。

讨论文化和制度流程的另外一种方式是探讨情感和事实。"最佳创新企业"都会有明确的组织目标平衡这两个因素,以构建不断创新的良好基础。当然,组织需要有清晰而有说服力的愿景目标来激励公司文化(及持股人)。但若缺乏以事实为基础实现愿景的有力论证,那么只有激励是不够的。

为了平衡情感和事实,"最佳创新企业"会谨慎把握灵活性和控制之间的关系。控制的目标——流程跟踪、创新协调和职能战略、偏差分析、规划前提和流程控制——使得愿景的实现成为可能。"最佳创新企业"对关键业绩指标普遍关注,实施严格的门径管理,这使得组织拥有明确的自由度,这是一种结构性自治,能够鼓励创新及新业务的诞生。

无论好坏,每个组织都有其明确或默

> 与熊彼特的创造性破坏理论相对应,创新也应该包括抛弃一些现有业务领域的决策。创新不仅意味着做新事,还意味着摆脱传统产品、服务甚至是企业。否则,我们就没法投资于新的领域。
> ——卡普施公司(Kapsch TrafficCom)CEO 乔治·卡普施(Georg Kapsch)

认的文化标准。组织成员会逐渐认识到这个标准，并依此行事。如果说组织文化是组织所弘扬的价值观总和，那么文化标准就应该奖励创新。在"最佳创新企业"所创造的环境里，有智慧的人一定能够勃发生机。

"我们需要构建能够滋养创新的基础，"霍兰德说，"前提是，要有一种开明、开放的文化。通过确保一定程度的自由，鼓励、刺激员工产生新的想法。你需要他们敢于冒险。"

没有这种基础，就没有创造力——这是"最佳创新企业"在其成长、管理创新组合中一次又一次见证的事实。它们都追求对一个根本性问题的明确回答：我们需要创新战略为我们做到什么？

我们以惠而浦拉丁美洲子公司为例（2010年巴西"最佳创新企业"）。该公司是拉丁美洲家用电器市场的领头羊，是惠而浦集团快速成长的子公司。2008年，惠而浦拉丁美洲子公司对母公司总收入的贡献率达19%。到了2013年，这个数值上升到26%。惠而浦现在已经占有该地区最大的市场份额。[2]

根据"最佳创新企业"的标准，惠而浦拉丁美洲子公司的创新管理系统还很年轻。21世纪00年代中期，当公司发现家用电器市场货品化和价格降低的新趋势时，作为应对措施开发建立了该创新管理系统。惠而浦坚信顾客愿意为真正的创新掏腰包，因此着意培养创新文化。每个高级管理者都被分配了年度创新目标。但如何衡量其业绩呢？怎样才能知道这些创新点子有长期价值呢？

在惠而浦，某个潜在创新要想赢得地位，必须要能够论证自己。首先，它必须体现顾客的需求、主张，与公司的品牌协调一致。其次，它必须能够创造持续的竞争优势——换句话说，它必须能够利用惠而浦的专利、技术、分销渠道、品牌力量、公司规模，或者惠而浦的其他某些独特优势，这样，至少两年内竞争者不会追上来。最后，它必须具有提高股东利益的前景。

高级管理者工作的第一步就是要确定在惠而浦公司的特定条件下创新的定义。对于创新的定义达成共识，可以避免关于创新含义的费时讨论，明确创新战略的目标，还能够确定衡量创新战略组合及创新组合管理者表现的关键业绩指标。

数字胜过雄辩。今天，惠而浦拉丁美洲子公司产品组合中的创新产品为公司带来了 1/4 的营业额。比起公司产品线上的其他产品，这些创新产品的利润率要高 2-3 倍。

"最佳创新企业"会很好地回答关键性的问题，比如在什么样的机制下，创新能够带来长期的利润增长。它们能够辨析出需要其投入精力的细分市场，并去获得、购买或者借用成功必需的能力。它们会根据自己的智库发展战略来匹配相应的技能。

绘制路线图

"最佳创新企业"会随时调整它们的创新机制，寻求短期和长期项目、新产品开发及现有产品持续增长之间的平衡。它们对创新的速度，即创意的开发及商品化的速度要求精确，它们注重将创意商品化投放市场并赢利所需要的时间。它们会绘制创新路线图，将自己带到目的地。

这种对工作进行严格坐标配置的益处之一，就是将创新战略融入到公司一切事务中，成为整体指导方针，从而巩固了公司文化基础。搜索字段是一个创意形成发展流程的最初阶段，定义必须十分广泛，每个"最佳创新企业"都会根据这个定义来架构自身。

塔塔汽车（Tata Motors）定义其搜索字段的目的，是为了提高其在印度汽车行业中小型汽车细分市场的声望。而对于大众汽车（2008 年德国"最佳创新企业"）来说，搜索字段的设置就会既复杂又广泛，这符合其多生产线的全球性大企业的行业定位。

在每一个案例（如塔塔、大众或者其他"最佳创新企业"）中，搜索字段组合都来自于倾听顾客的声音，对行业技术和竞争者的洞察，还有对科学、社会和政治潮流的密切观察。救火设备生产商（例如2009年奥地利"最佳创新企业"卢森宝亚）可能会研究如何使其产品更适用于女性；家居用品公司（例如2010年德国"最佳创新企业"汉高洗涤及家用护理事业部 Henkel Laundry & Home care）可能会注意到，在西方，卫生间的装潢档次已经成为了地位的象征，并且这种趋势正逐渐蔓延到世界其他地方。

搜索字段组合是创新路线图的起点，它会理想地前瞻到创新生命周期的终点。能够使"最佳创新企业"在竞争对手中脱颖而出的，是它们对整个产品生命周期的远见：不仅包括对未来产品的改进，而且还能预测到它们会不可避免地被下一波更好的创意所取代。

"与熊彼特的创造性破坏理论相对应，创新也应该包括抛弃一些现有业务领域的决策。"卡普施公司的首席执行官乔治·卡普施如是说，"创新不仅意味着做新事，还意味着摆脱传统产品、服务甚至是企业。否则，我们就没法投资于新的领域。"

创新路线图能够保证组织的正常运转，不仅指示出预算和人事安排，而且显示了创新产品进入市场并收回投资的时间。

对创新组合的组织支持

在"最佳创新企业"中，对创新组合中的各种可能性进行优先顺序的排列工作永远存在。在通向市场的每一个重要节点，都会对创意进行商业测试，看其是否能站得住脚。

对于任何公司，这似乎都是明显的最佳做法，但却经常因为沟通不畅而受到忽视。市场在前进，规划前提在变化，原材料成本的可变性使得产品投放市场之前就可能被迫改变定价策略。所有这一切对利润率都有着直接影响。在"最佳创新企业"里，对规划前提进行定期更新已形成了制度性的做法。某项前提的变化可能意味着某个创意需要被否定或者延期，而组合中的另外一个创意则需要被提升优先级。

创新组合就像漏斗。但"最佳创新企业"的漏斗形状却比较怪异。在通向产品投放市场的过程中，它并不是逐渐变细的。相反，这个漏斗在接近中部的地方突然收紧，此时正是搜索字段开始产生某些结果之时，其中有些可能预示着某些商机，有些则应被否决。

创新组合应该建立在门径管理的基础之上。能够经得起投资风险考验的创新点子才能一步步地通向漏斗中央的狭窄之处——项目开发组合。在该点，新产品或服务在其特点或者价值构成上开始逐渐明晰起来。也正是在该点，创新的想法有被就此搁置或否决的可能。

在创意开发的每一个阶段，协作会使概念更加清晰。协作是指组织内部不同部门之间的合作。我们发现，在"最佳创新企业"里这种内部协作非常典型，不过有时也会出乎我们的意料，并不是所有的公司都是这样。

卡普施认为："难点在于，如何建立某种形式的组织二元性（organizational ambidexterity）。"他所说的二元性，是指具有多种职能的组织。很多CEO都会赞成这个说法——但只是理论上，实践起来并不容易。

内部一致性是某项创新对于公司及股东长期价值的预测器。比如，我们都知道索尼公司在移动娱乐市场上的失败。可人们却经常忽略这样的事实，索尼的高级领导人并没有把整个组织的注意力集中在移动娱乐对于公司成长的意义上。后果就是，它不得不拱手让出在智能手机市场上的早期领先地位，而被苹果公司取而代之。

"交叉职能"意味着，创意的开发过程并不是从一个职能部门到另一个职能部门按部就班地进行。因为这种做法将累加不必要的成本和复杂性，从而大大地降低产品的利润率。这一点我们在第五章"提高创新效率和速度"中会再次谈到。交叉职能途径重视的是集体努力，是公司内部不同元素间的真诚协作。在这样的公司里，人们相互学习，朝着共同的愿景一起努力。

在实施创新战略的过程中，很多公司苦于无法把握"自上而下"的领导和"自下而上"的参与之间的平衡。"最佳创新企业"会绕开这种等级制度的难题，从交叉职能下手。德国汉高公司创建了InnoPower团队，负责特定的产品类别及相关的创新项目。该团队在与高级管理人员的协商下共同开发创新战略，经由汉高的年度规划批准后付诸实施。团队由产品类别领导带领，同时包括来自每个主要职能部门的代表。在汉高，雇员若想在职业道路上有长足的发展，参与InnoPower团队是不可或缺的一步。

"最佳创新企业"的组织结构各不相同，但总体来说，比起竞争中的其他参与者而言，它们会将创新流程中的内部职能更多地整合在一起。在经过深思熟虑的整合流程中，会确保一些关键内部职能的持续交叉参与，比如研发部门、生产、销售部门，当然还有采购部门。

"最佳创新企业"知道它们不可能拥有天下所有最优秀、最聪明的人才。为了补充它们的能力储备，"最佳创新企业"很自然地与很多外部市场参与者形成了密切的合作关系——从顾客和供应商到大学、政府机构甚至竞争者。

世界是复杂的，每个角落都能产生知识。"最佳创新企业"将世界视为由知识簇构成的网络，而它们自身就是这个网络中的一部分。对于它们来说，知识管理不只是时髦的说法，而是支持合作和提高创造性灵活度的积极管理能力。它们与其他的知识簇相互连接，并将其融合运用于自身组织。可口可乐公司就建立了这样一个体系，侦察世界技术前沿，用于支持自身创新，并称之为"外部技术评估（获取）"。

"你需要将自己置于公司之外，放眼全球，聚焦于全世界的科研、创新和企业家精神的神经中枢。"可口可乐公司首席技术官盖伊·沃拉特（Guy Wollaert）说，"我们有张技术发明的热点图，会有意识地将自身组织插入这些神经中枢。我称之为'插入大脑'。"

作为一个团队，"最佳创新企业"始终如一地关注传播新思维，尤其是在公司某个部门得到成功首次应用并有可能应用于公司其他部门的新思维。大众汽车公司首席技术官乌尔里希·哈肯贝格（Ulrich Hackenberg）称之为"创新民主化"。

但对于有着严格管理程序的组织来说，它们又如何看待这种灵活度呢？很多情况下，这种灵活度就像是管控下的张力。

这种张力管理是以发展创新战略为明确指导方针，但规定性不能太强，惠而浦公司就是很好的例子。

"最佳创新企业"特别关注的关键业绩指标对于确定公司的指导方针很有帮助。它们使得组织的高级管理者和组织成员能够用事实来跟踪创新组合的进展。当我们与"最佳创新企业"的高级领导人交谈时，我们惊讶地发现其中很多人对公司创新战略的关键业绩指标都能够脱口而出，尤其是新产品活力指数、投放市场所用时间，以及投资回收期——后者指的是从公司决定开发某种产品或服务的那一刻算起到开始赢利需要花的时间。它是创新组合中的重要关键业绩指标。

对于我们前面所提到的交叠式网络，这种清晰透明对于建立有创意的结构组织非常必要。网络成员——并不只是组织内的每一个人——需要相互沟通，快速做出决策。利用某种合作工具，他们可以畅通交流（不得不承认这让很多IT部门身心疲惫）。大多数关于创意商业化的沟通交流并不是在高级管理者的明确指示下进行的。在愿景明确、大家对企业使命有着共识的情况下，对商业创意进行集体评估就需要这种组织结构，才能使创意快速地得以实施、应用。

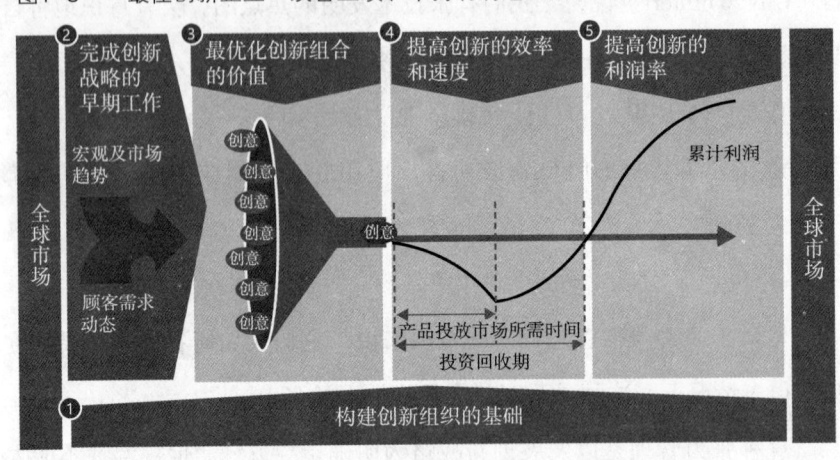

图1-3 "最佳创新企业"改善业绩、维持利润增长所关注的五大领域

数据来源：科尔尼公司分析报告。

创新组织的结构

什么样的组织结构有益于创新？这并没有唯一正确的答案。"最佳创新企业"都是务实型组织，工作流程严谨，组织结构能够支持创新。然而，创新公司的确有些共性。"最佳创新企业"在创新发起和"C"字头高管之间都建立了直接联系。如果组织所嘉奖的行为能够塑造组织文化，那么高级管理者的行为也能够促成组织的创新文化。如果不奖励创新人才，那么组织内成员的精力就不会有正确的导向。

"最佳创新企业"称它们的创新管理为"来自市场，走向市场"，并重点关注五个领域以提高其创新能力，推进可持续发展和利润增长（见图1-3）。本书中，我们将逐章带您了解这五个领域，并详细探讨其中的关键细节。

第二章中，我们将讨论如何构建创新组织的基础。关键在于打造一个对创新持开明、开放态度的文化和思维模式，组织要有正确的流程和治理结构以迎接创新挑战。"最佳创新企业"都会通过塑造环境、思维模式和工作方式来培养创新文化。它们在世界影响其之前主动影响世界，即便这意味着需要艰难的转变。更具体点说，这意味着创造创新文化，培养企业家的思维模式，鼓励适当地冒险，在不经意处寻找灵感，以及在需要重复的地方不厌其烦。

第三章重点讲述创新战略的前期工作。创新始于分析相关技术、市场趋势以及顾客需求，以了解可能的挑战和潜在的机遇，作为确定"可实施性"创新战略的前期投入。"最佳创新企业"将对市场和科技动态的了解与广泛认可的搜索字段组合联系起来，对创意的产生进行总体的方向把握。这就需要确定自己的目标，并对未来有一定的观点。确定创新搜索字段，有效管理以满足顾客需求。了解自身能力并做相应的投资，描绘创新路线图。

第四章，"最优化创新组合的价值"，讨论了如何围绕创新搜索字段产生尽可能多的创意，并应用正确的评估标准，快速地筛选出最有成功潜能的创意。这样，有限的资源就会被有效配置。"最佳创新企业"都会有良好合理的流程，最大限度地鼓励所有的利益相关人加入到队伍中来，为公司的创意组合大厦添砖加瓦。它们会邀请内部和外部的专家高手帮助快速决策，应该对哪些创意进行深挖。这需要对创新组合进行整合管理，提高转化成功率。

在第五章，我们将重点转向创新速度和效率的讨论。这意味着将新开发的产品或服务迅速地投放市场，并尽可能地节省成本。这对整个产品生命周期中的利润增长最优化至关重要。为了做到这一点，"最佳创新企业"在工作中会进行部门交叉合作，对创新进行更持续、更一致的管理，并利用供应商群的创新力量。具体说来，就是缩短投资回报期，重视宏观管理，将协同工作能力视为决定性能力，并及早地与合适的供应商合作。

第六章探讨了在产品或服务的生命周期内如何获得利润并提高利润

率。"最佳创新企业"会充分利用其创新能力的卓越性,使创意成为现实。我们会讨论连贯一致程序的重要性,管理的复杂性,如何精简而灵活地设计,以及如何进一步地构建和改善合作伙伴关系。

最后,在第七章我们讨论了持续性的重要意义——优秀的领导人怎样能够年复一年地保持他们的创新观念。可持续性增长来自于持续创新战略的实施和对变化的结构性开放态度。"最佳创新企业"对此把握得很好,因为它们非常注重领导队伍的建设。

下面,就敬请大家期待我们对"最佳创新企业"的深层剖析,看它们是如何获得目前的地位,并且年复一年地将其坚守。祝诸君读有所获!

法拉利品牌

不管哪个公司,若声称其创新战略的第一支柱是F1赛车,必然会引起人们的注意。让世人对法拉利青睐有加的是公司另外两个创新支柱——品牌和产品。

"这是自生的良性循环。"法拉利研发部的高级副总裁罗伯特·费德利(Roberto Fedeli)说,"对于每一辆新法拉利的诞生,我们的客户都期待它的创新。没有创新,产品支柱就会崩塌,销售额就会下跌。没有创新,我们就死路一条。"

法拉利创新战略的核心价值很简单:顾客对产品的体验是重中之重。

"我们销售激情,"费德利说,"这是我们所有创新的目标。为了增强驾驶的体验,司机必须要能感受到创新。"

这其实强调了法拉利所说的"F1专有技术的转移"。它同时强调了产品投放市场所需的时间,及法拉利将创新带给驾驶者的速度。它将F1的专有技术与其他已产生初步结果的研究结合起来,而且会经常借鉴来自其他行业的研究。

"我们的目标就是尽快地将知识'带上路'。"费德利说,"我们力争在一到两年的时间内把创新从想法落实为产品。要想实现这个目标,必须要把我们的创新方案和产品换代计划结合起来,并确定产品需要创新的优先顺序。"

这需要复杂的操作模型。费德利说,法拉利公司的流程"定义明确,但并不死板,是基于一定灵活度的。在流程结束之前,我们从不会冻结某个决定或方案"。产品结构的一致性和投放市场的时间能够得到保证,因为研发部门和项目团体是共同合作的,能够随时考虑新的选择和开发过程中的新元素。

"如果某个决定产生了问题,也不会影响到产品,"他说,"因为我们总会有备选方案。我们没有标杆,因为我们本身就代表了赛车创新的前沿。这是我们与追随者的不同之处。这是文化上的差别。"

意法半导体无情的超短创新生命周期

意法半导体(STMicroelectronics)是欧洲最大的半导体公司。它的创新战略由两大现实驱动:尽管它的年销售额达到80亿美元,但仍然要同北美和亚洲的很多公司相竞争,有些公司的规模比它大得多。它需要在各种类型的市场中参与竞争:成型稳定的市场,比如汽车、计算机、IT基础设施、机顶盒及移动电话;新兴市场,如体育和健身器材;甚至需要在萌芽市场,如医疗器械领域竞争。在其所有的市场中,创新生命周期短得无情。永远创新是意法半导体的唯一竞争选择。

意法半导体知道,单靠自己的力量不可能完成所有的创新战略。当公司获得2007年法国最佳创新企业奖的时候,它的高级领导人将其成功归功于"整个价值链中所有参与者的共同合作,包括研究实验室到供应商、制造商、顾客甚至是竞争者"。

意法半导体于1987年由意大利的SGS半导体公司和法国的汤姆逊（Thomson）半导体公司合并而成。公司将其创新战略的实施与其关键客户和供应商的长期合作关系结合起来，与领先的大学、科研机构甚至竞争者合作。今天，大约20%的员工在该公司遍布全球的10家领先的研发中心从事研发和产品设计工作。

意法半导体公司还参与了主要的欧洲合作研发项目，包括政府间组织EUREKA和两个政府——私人合作机构：欧洲纳米电子首创顾问委员会（ENIAC）和欧洲电子元器件及系统领袖协会（ECSEL）。

"尽管本行业的成本费用高得惊人，"意法半导体公司的首席运营官让-马克·切里（Jean-Marc Chery）说，"但我们与研发项目的合作文化是根深蒂固的，这成就了我们在本行业技术开发和生产方面的领先地位。"

惠而浦巴西子公司

惠而浦公司是一家年销售额达190亿美元的家用电器生产商。它的总部位于密歇根，其产品几乎遍及世界各个国家。而其全球总销售额的1/4强来自于其拉丁美洲子公司。

作为一个组织，惠而浦对关键业绩指标高度重视，这让其在竞争者中脱颖而出。例如，每个业务部门的销售额至少要有25%来自于新近的创新，主管的工作才能合格。在拉丁美洲，惠而浦旗下的巴西领先家电品牌藤普（Brastemp）的几项产品对该指标做出了巨大贡献。藤普的创新产品包括Smart Cook——第一台能够与智能手机联网的燃气灶，还有能够称量衣物并自动计算所需洗衣液和衣物柔顺剂重量的Ative洗衣机。

惠而浦拉丁美洲子公司总部设在圣保罗。2010年，即惠而浦获得最佳创新企业奖当年，根据大赛评委的评论，惠而浦巴西子公司在创新建设方面正稳健地步入国际化通道。

例如，惠而浦在巴西有四个技术中心，每个中心分别负责公司的一个核心产品群：冰箱、洗衣机、厨房电器和空调。除此之外，还有三个生产基地。根据巴西国家工业专利局的统计，惠而浦是巴西第四大专利权拥有者。[3] 在其 14,500 名雇员中，有 700 名专门从事产品研发工作。

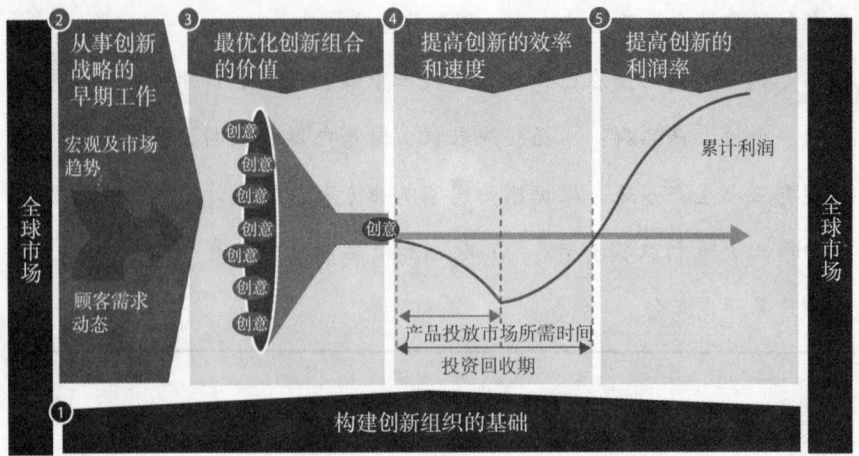

第二章

构建创新组织的基础

最佳创新企业大赛的评委们每年都会筛选来自世界各地的参赛公司。读这些材料让人深受启发。当我们问这些参赛选手,是否可以将其组织特点总结为拥有创新文化和卓越的业务流程时,几乎所有人都会给予肯定的回答。但是,不同公司的运营结果却可能会大相径庭。

例如,大多数参赛者都会用相似的说法描述他们的组织结构,大多数企业看起来都很传统。这告诉我们获胜者和其他公司之间的区别并不是组织设计的直接结果,创新的习惯也不完全源于组织设计。创新组织的架构不可能用一张明确各人具体位置的图表示。

"最佳创新企业"的特点是对创新的积极管理。本章将与大家分享"最佳创新企业"在构建创新组织基础方面的经验。

- **打造创新文化**。"最佳创新企业"都会严肃对待创新文化。文化是组织所倡导的一切价值观和行为的总和。为了建立这种文化,"最佳创新企业"所打造的环境会让那些具有企业家精神的人得到充分的发展。
- **培养企业家思维模式**。"最佳创新企业"鼓励创意火花的迸发,并一贯鼓励新业务的培育。与独立性和企业家精神相随而来的是风险,因此需要对风险进行管理。
- **鼓励适当地冒险**。"最佳创新企业"会向其组织成员明确,公司允许一定程度的风险。在创新组织中,冒险并失败不会成为阻挡成员事业进步的障碍。
- **到处寻找灵感**。"最佳创新企业"不会盲信所谓的灵光一现。创新的必要条件是不同职能部门和不同地域间的合作。
- **对于可重复的程序不厌其烦**。"最佳创新企业"将流程管理(即事实),作为其创新文化的中心。流程管理是共同愿景具有可行性的基础。

打造创新文化

能够让"最佳创新企业"脱颖而出的习惯之一,是它们会对情感和事实加以平衡——它们致力于创新文化的培育和卓越的业务流程管理。首席执行官和业务部门主管要注意对这种平衡进行积极管理。高级领导者对组织内创新者的反应会向整个团队、分析家和投资者传递信息,他们需要知道公司对创新的执着和严肃性。

对情感和事实,即对文化和流程的平衡管理构成了持续高效创新的基础条件。大多数最佳创新企业大赛的参赛者——不管是获胜者还是被淘汰者,在自评中对事实和情感都给了自己高分。请大家试想一下对如下典型文化问题的反应:你们的组织是否会因为创新而激动?对新点子是否会真正持有开明、开放的态度?是否做好准备迎接变化?对这三个问题,大赛的参赛者都给予了肯定的回答。可是,当我们略过这些自评,对运营中的组织进行严谨的观察时,往往会发现不同之处。

当我们实地考察号称自己拥有创新热情的公司时,却发现很少有哪个首席执行官,或者其他什么"C"字头主管会去谈论创新的重要性。对于这种现象,德语称之为 selbstbetrug(自我欺骗)。这往往正是组织成员——哪怕是最边缘的成员所捕捉到的信号。如果创新文化的第一要素是高级领导者的行为——毫无疑问事实就是这样,那么组织成员应随时都能感受到创新的中心地位,这应该从首席执行官做起。

在号称专注于创新的组织中,这种自我欺骗随处可见。大家可以比较一下"最佳创新企业"中真正热衷于创新的领袖的声音：

"如果我选择了一条路，我会一直走到尽头，任何事情都不会挡住我的前行步伐。"

——简·穆希尔（Jan Musil），ČKD公司CEO兼主席

"建立一个以创新为特色的品牌，才会让顾客持续地选择我们。我希望客户感觉他们的业务离不开我们。"

——大桥彻二（Tetsuji Ohashi），小松（Komatsu）集团CEO兼总裁

"CEO是创新的核心广告。CEO要号召人们保持合作性创造力，而不必担心被发现自己的点子停滞不前。CEO创造的文化应该鼓励人们扫除自己的思想障碍。"

——埃布尔·罗西尼亚（Abel Rochinha），
塞阿拉电力公司（Coelce）CEO

没有人会质疑公司文化在创建持续创新组织过程中的核心基础地位。所有的创新书籍都会告诉我们这一点。但到底什么是文化？"最佳创新企业"又是如何打造这种文化的呢？

文化是组织倡导的价值观和行为的总和

什么是创新文化？通过我们在最佳创新企业大赛中的经验，我们将文化定义为组织成员认同的价值观和行为准则，它不仅指导着人们应该做什么，还指导着他们如何去做。

文化常常是一种不需言明的默契，它影响着组织内能量的流向。它是没有书面文件的行为守则，说明了"我们这里的做事方式"。因其负面影响的隐性，不良文化具有破坏力，会阻碍创新。然而，如果能够有意识地管理、积极地引导，文化也能成为持续创新的基础。

我们以 3M 公司为例，它是世界创新企业中的巨人。其总部位于明尼苏达州的圣保罗，生产广泛应用于全球的医院、办公室、家庭和工业的 6 万多种产品。

3M 公司拥有 112 年的发明史。然而今天，其销售额的 1/3 来自于年龄还不到 5 岁的产品。公司 CEO 英格·图林（Inge Thulin）的目标是在 2017 年之前，将此比例提高到 37%。

打造创新文化的必要要素

环　　境	**价值观**：创新深植于运营原则中。 **领导力**：管理者的行为支持创新，凸显创新的重要地位。 **认可**：创新行为和创新者得到认可，受到奖励。 **自由**：公司给予雇员一定的时间和空间用于创新。
思维模式	**创造力**：雇员对新想法具有开明、开放的态度，能够有想象力地解决问题。 **冒险**：鼓励适当冒险，从失败中学习，而不会惩罚失败。 **顾客导向**：通过创新吸引顾客，执着于质量。
工作方式	**合作**：不同部门、不同地域间进行合作。 **责任**：创新人人有责，可以来自组织或者网络内外的任何地方。 **开放态度**：组织要对"不要在此处创新"的综合征进行免疫防治。对于外部的观点和合作对象持有开放和接受的态度。

一家拥有着 100 多年创新史的企业在未来将如何继续发展呢？这就是 2012 年当图林担当起 3M 公司的领导重任时摆在面前的挑战。他在 3M 公司有 30 年的工作经验，非常熟悉它的文化。他上任 CEO 后，与其

团队共同制定了 3M 公司的愿景：先进的技术提升每个公司，优质的产品改善每个家庭，不断的创新充实每个生命。

六个核心业务战略加上三个战略杠杆——都包含着对创新的投资——支持着 3M 公司的愿景，提高了其竞争力。图林尤其重视第四类和第五类产品，这些产品要么对于现有市场来说是新鲜事物，要么是全新市场的全新事物。他称之为"破坏性改变游戏的技术"。

"我们之所以能够成就这一切，秘密之一在于我们的研发工作与众不同——我们的研究和开发是相对独立的。" 图林说，"我们中心研究机构的科学家可以自由从事纯粹的研究，寻找意想不到的突破机会。3M 公司每个商业团队的开发小组都可以利用中心研究机构开发的技术。没有哪个独立的单位独自拥有这些技术。"

合作是 3M 公司深信可以点燃创新的另一个核心价值观，这包括与顾客和公司雇员的共同努力。目标是确保公司的发明在市场上有实际应用。例如，3M 公司卡尔顿协会（Carlton Society）的会员资格只限于对公司做出贡献的杰出科学家，是以其科学贡献和对新人的指导为衡量标准的。

3M 公司的合作精神延伸到其 46 个核心技术平台，从黏合剂、磨蚀剂到感应器和电子材料。公司 5 个业务团队和遍布 35 个国家的实验室专家都可得到公司的共享技术。

这就是原本用于牙科材料的技术最终在汽车上得到了应用，并生产出成功的产品，从而很好地服务于顾客的原因。

3M 的创新文化和合作精神可以追溯到威廉·麦克奈特（William L. McKnight），他在 1907 年作为簿记员加入了 3M 公司，那时公司的名字还是明尼苏达矿业制造公司。麦克奈特后来成为了公司的董事长，为公司效力将近 60 年。今天，麦克奈特的价值观仍然根植于 3M 的文化中。

如果你们没有 3M 公司那么幸运可以继承创新文化，你仍可以打造创新文化——即便在有阻力的环境中。

我们以塞阿拉电力公司为例。该公司赢得了2012年和2013年的最佳创新企业奖。塞阿拉电力公司与巴西政府签订合同，在巴西的东北部地区开展业务。刚开始，该组织认为高级管理层努力推动创新没有任何意义。这会有什么回报呢？因此，2000年塞阿拉电力公司在内部开始推动创新文化时遭到了抵制，被认为是官僚作秀，无事生非。

但在过去的15年里，塞阿拉电力公司已经牢牢打造了创新文化的基础，拥有持续的愿景。随着时间的推移，这种文化已经影响了组织各个层级的人员，在经济加速发展的地区将公司推上了成长轨道。

"创新帮助我们提高了员工满意度和工作效率，"公司CEO埃布尔·罗西尼亚说，"没有谁比一线人员更熟悉工作流程。自从我们的雇员知道他们有能力对事情做出改变，并会受到重视后，他们对工作更加负责、更加尽力了。"

对于服装零售商德诗高（Desigual）来说，创新文化是必要的。"创新对于德诗高的过去非常关键，对于它的未来同样重要。"CEO马内·哈德拉克（Manel Jadraque）说，"我们在各方面进行创新。在产品设计方面，我们的服装百分之百地无人媲美（Desigual在西班牙语中就是无人媲美的意思）。"他说，成功的关键在于精心做好所有的小事，"但真正让我们与众不同的，是我们的大胆，以及我们对于冒险思维、冒险创造每一类别、每一件产品的态度"。他强调："我们推动创意的前提是，大家不必有任何顾虑、任何担心，不会有人因失败而受到责备。"

每个系列的设计最初都会有5,000多个创意，在第一阶段会筛去一半，最终出现在商店里时只会剩下10%的比例。"我们相信这就是创新的意义所在，那就是让我们在自己的道路上获得可持续性成长和利润增长。"哈德拉克补充道。

培养企业家的思维模式

1948 年，3M 公司的麦克奈特制定了他的基本管理原则。简短的三段话——就像是给自己的一个小提示——却包含了创新文化的广泛内涵，创造出一种让有智慧的人充分发挥潜能的环境。"那种不允许犯错误的管理会扼杀人的主观能动性，"麦克奈特说，"然而，如果我们想继续成长，我们必须拥有许许多多富有主观能动性的人才。"

60 年前，正是麦克奈特鼓励 3M 的员工将其工作时间的 15% 用于他们自己的想法和项目。直到今天，这种首创精神依然鲜活地存在于它的企业文化中，对 3M 公司很多著名产品的诞生做出了重要贡献。

虽然我们常常认为领导层必然会致力于创新，但经验却告诉我们，委婉点说，事实更复杂一些。高级经理人和部门领导必然会保护其核心业务的短期发展。实际上，大多数高级经理人的业绩考核指标是每季度公司核心业务的收入水平。因此，在不能忽视下季度的销售目标或者股东利益的现实下，从创意的培育到具体实施所需要的较长时间周期往往让人难以坚持。

这绝不是件容易的事。

"日常工作对创新不会起到反作用力，更不是创新的毒药。"2011 年最佳创新企业大赛的获胜者凯杰公司 (QIAGEN，专注于医疗诊断和生命科学技术的研发) 的 CEO 夏沛然 (Peer M. Schatz) 说。相反，日常业务需要应该对创新文化起到催化作用。

"文化对于创新来说是最重要的成功要素。"他说，"但需要满足一个前提，即创新是日常生活的一部分，而不能与之分离。"

夏沛然所描述的领导风格是一种文化价值观。能够坚持不懈支持创新的领导者会把它放在首要地位。他们会向雇员和外部相关人员明确这一点，包括供应商、合作伙伴，当然还有那些时时关注季报的分析家和股东。对于所有人，重点都是一致的：对创新的重视和付出要成为共识，并贯彻下去。

创新文化的基础不仅仅是向组织成员发出重视创新的信号。在整个组织中要有具体而明确的实质性内容，例如对于关键业绩指标的具体要求。3M 公司的"新产品活力指数"就要求新产品的销售额要在总销售额中占一定的比例。在第四章"最优化创新组合的价值"中，我们会重点关注创新产品关键业绩指标发展的一些最佳做法。从文化的角度而言，还有另一种创新程度衡量指标——对创新者的程序性认可。

"最佳创新企业"有各种各样的途径来认可创新。有些公司会颁发奖章或者发奖金，有些将对创新的贡献作为衡量工作业绩的指标，还有一些则大张旗鼓，更加公开化。例如，最佳创新企业奖是在创新者奖励大会上颁发的，有 1,000 多人的与会者。3M 公司作为老牌创新公司，办有卡尔顿协会（Carlton Society）。只有那些有技术专长，并且愿意积极分享技术的雇员才能获得会员资格。凯杰公司也有类似的表彰仪式。

经济补偿和精神认可一样重要，永远不要忘记这一点。但后者必不可少。为了让组织智慧之泉源源不断，创新应该明确地成为雇佣标准之一。

"最佳创新企业"鼓励整个组织内的创新自由。例如，凯杰公司就有其 CEO 夏沛然所指称的"开放政策"。"决策者和我们的执行委员会之间必须要有交流，"他说，"每个雇员都有机会将自己及其好想法呈现在管理层面前。" 凯杰公司要求高级管理人员下放职责，为各个层级的组织成员创造自治空间。这个做法旨在将每个雇员都纳入到学习的文化中来，这样才可能有新的业务和新的成长。

"我们需要让雇员明白，公司不是一台现状不可改变的大机器。"夏沛然说，"而是有可能提供更好机会的地方。组织政策的制定必须给创造力留下空间，领导层必须明示创新是日常工作的一部分。"

消防器械生产商奥地利卢森宝亚国际公司(Rosenbauer International AG)也是创新大军里的一员。公司发起了"冲动回合"来解决特定的开发任务，收集所有相关信息来开发新型消防车及泵压技术。"冲动回合"将不同的部门集合在一起，创造了跨职能联合和自由论坛。这种讨论对于技术快速成型贡献效果显著，长期影响则是深化并加固了卢森宝亚的开放文化。培养开放、自由文化的长远意义是希望能够因此而激发创造力，并为公司带来新的业务。

这一点在商用厨房烤箱生产商德国乐信公司（Rational AG）的文化中特别明显。乐信公司获得了 2008 年中小企业最佳创新公司奖，并且获得了 2012 年的总冠军。"我们鼓励每位雇员成为独立的企业家。"前任总裁兼 CEO 冈特·布拉施克（Gunter Blaschke）说，"我们希望他们能够独立执行工作任务，优化工作方法，做出决策，并承担责任。"

在乐信生产的每一台烤箱上，都会印上制造这台烤箱的员工姓名，以强化个人所有权感。布拉施克确信，这种做法能够培养员工对新思想、新观念的开放性态度，并激发员工创造性地解决问题。

乐信的管理人员和普通员工一起致力于开阔自己的"眼界"。他们鼓励自由而大胆地思考，创造个人职业发展的最佳环境。乐信在创造这种工作环境和氛围方面非常成功。93% 的员工不仅满意自己的工作，而且为在这里工作而自豪，这些事实充分印证了这一点。

布拉施克知道大家都在注意观察。"我们对于员工创新想法的处理方式会产生长期的影响。"他说，"这不仅仅会影响到他们目前的想法，还会影响其未来保持创造性思维的意愿。"

鼓励适当冒险

伴随着独立和企业家精神而来的是风险，风险需要管理。"错误总是不可避免的。但如果一个人的本质意愿是正确的，那么从长远看来，他犯的错误不会很严重。但如果管理层确切地告诉那些负责人应该怎样做他们的工作，而指导过程犯了错误的话，造成的伤害就要严重得多。"

如何恰当地定义可接受的风险？这是任何组织、企业家所面临的困难之一。

任何有关创新的畅销书都会告诉我们，我们应该从失败中学到经验教训，而不是去惩罚失败。但"失败友好"的创新文化到底意味着什么呢？在这样的环境中，即便是最"奇怪"的观点也能得到倾听。把"从失败中学习"当成口号是一回事，在遭遇滑铁卢时能真正保持冷静就是另外一回事了。"最佳创新企业"正是表现出了这种冷静。

自从2003年最佳创新企业大赛开赛以来，我们就注意到，在一个能够持续创新的组织中，冒险失败并不能构成妨碍事业进步的障碍。实际上，塔塔集团会在公司里宣传失败以及失败背后的团队，并为大家分析失败带来的经验。在2010年和2011年，塔塔集团的80家公司所拥有的3,200个准创新中，只有不到一半获得了商业成功。例如，在汽车集团中有项非传统的传动装置方案，因为没能达到目标性能而被放弃。还有，为公司的Nano牌小汽车设计的新型汽车控制板也没有达到成本目标。但塔塔却正面宣传了这两个失败，以示公司对冒险的鼓励态度。[4]

失败是对创新文化的一种测试。绝不应因为害怕受惩罚或者担心被认为愚蠢而随意搁置哪个方案。但我们也要坚决避免把钱白白浪费在没有用的地方。

作为2008年创新大赛的获胜者之一，奥地利领先的科技公司卡普施公司始终遵循着与塔塔相似的文化路径。公司知道，有时候即便是表面看起来很有趣的想法也需要及时终止，以避免更大的损失。

"经验表明，我们处理失败的方式非常重要，"公司CEO乔治·卡普施说，"对于'成功的失败'，即那些得以及时终止的错误方案，我们必须加以庆祝。能够有勇气做到这一点的雇员或者经理我们都会正式予以表扬。"他认为，"能够被控制的失败"是一种成功，因为它们能够提供一种学习机会，有助于培养冒险精神必不可少的"尝试—犯错"的文化。

到处寻找灵感

对于"最佳创新企业"来说，"设计思维"几乎是本能的。我们的前任同事哈什·约哈卡（Harsh Jawharkar）将"设计思维"描述为一种"从外向内"的创造及产品开发途径。其中心是顾客导向：通过整个组织对质量和创新的追求来使顾客达到满意。正如约哈卡所指出的那样，设计者运用了人种学家的经典观察技巧，根据顾客所处的"自然环境"研究他们，将其对某种产品或服务的反应做详细的记录。其中关键的一步是鼓励顾客讲述他们对某种产品的体验，并详细倾听。这使得我们可以通过原型研究和早期顾客反馈对某些做法进行快速否决。

"成功创新的主要因素是走向顾客，每天从他们那里得到新知。"日本矿业及建筑设备生产商小松公司的CEO兼总裁大桥彻二如是说，"当人们谈及顾客需求时，他们通常把顾客视为一个整体，但实际上根据所在地域不同，顾客需求也是不一样的。即便是修建一段公路，顾客需求也会依国家或自然环境的不同而不一致。"他举例说到日本几家著名的建筑公司在发展中国家建设高速公路时所遇到的情况，因为这些地方的高速公路建设要求与日本有很大差别。

从顾客洞察的角度来说，奥地利消防设备生产商卢森宝亚，即2009年最佳创新企业的组织文化奖获得者，有着自己独特的优势。公司的很多雇员在其业余时间志愿参加当地的消防小组，因此会经常使用公司的产品——所以实际上成为了自己公司的顾客。公司负责创新的技术总监戈特弗里德·布鲁诺尔（Gottfried Brunbauer）认为，消防志愿者的工作"确保了我们有机会倾听各种各样的想法，使得创新流程非常有效。从我们的雇员身兼二职的角度来说，我们直接把顾客纳入到了产品的创新流程中来"。

只要组织放弃了它们对"灵光一现的瞬间"的寄托，合作就成为创新的必要条件。合作不仅仅发生在同事之间，而且会跨职能、跨地域——常常不止于个人层面。为了使工作流程保持畅通一致，"最佳创新企业"通常会紧缩控制，将重点放在规划假设方面，以避免日后出现意外。

很多最佳创新企业奖得主都说，创新是每个人的责任，创新可能来自任何角落。这种理念当然很好，但这种丰富的"酵素"必须得以良好的管理。企业必须在高级管理层——业务部门的负责人、首席信息官、研发部门负责人或者技术总监——的监督下对创新加以积极协调。在创新流程的不同阶段，公司内部不同职能部门——市场推广、销售、研发、采购、售后——的合作都是有可能的。

3M公司利用网络模式工作。自从1951年开始，公司每年都会召开技术论坛，在论坛中所有研发人员都会与大家分享他们在工作中遇到的各种情况。但如果没有这个论坛，这些人在工作中可能没有机会相遇。

我们再说一下凯杰公司所面临的挑战。它需要对活跃的创新文化和严格的工作流程加以平衡。凯杰公司一直致力于使创意之流源源不断，积极地推动它的运营文化。除了支持员工不断地质疑组织行为之外，凯杰公司也在探索更多的方式打造自己的新视野。

凯杰的探索之一是其称之为"Beyond！"的项目。在该项目中，凯杰公司会特派几个小组构成临时智囊团，它们的任务是平衡创造力和事实。它们收集各种创意，对其进行筛选，然后选出最具可能性的点子作为开发对象。这个项目虽然表面看起来起来很完美，但凯杰公司意识到这样下去的话创新就成了一个独立的世界，与日常业务脱离了联系。

"创新不是孤岛，"夏沛然说，"它存在于整个公司的各个环节。而创新的驱动力不能教条地强加到系统中去。很多不同的因素，从意外发现到结构性流程，都可能会影响到创新的成功。"这并不是说凯杰公司在创新组合的开发中缺乏系统性,他补充道,而是因为"Beyond!"项目"不适应公司的整体工作流程"。

今天,创新已经整合到凯杰的日常业务中。夏沛然说这能让公司近距离地了解顾客、供应商及创新战略中的其他利益相关人。夏沛然非常清楚,公司在构建其创新组合时若采取整合路径应该做些什么。

对于管理者来说,创新流程中的一大挑战是需要在二者之间达到平衡:强烈的主人翁精神和对来自外界新鲜思维的开放性态度——换句话说,就是从外向内的途径。我们都有"不要在这里创新"的心理,因为人们普遍会抗拒改变现状的新事物,或者是因为新事物源自别处,或者是因为会对核心业务带来挑战。这种对新事物的抗拒心理不适应如今的网络世界,因为任何外界合作者都可能有益地参与到创新管理中去,从点子的孕育,到产品的研制,到最后投放市场。

外界合作者包括供应商、大学、拥有不同专技特长的咨询顾问,在有些情况下,甚至还包括竞争者。这些都始于与顾客的隐性合作。在下面的章节"完成创新战略的早期工作"和"最优化创新组合的价值"中,我们将详细讨论与顾客的合作。在这两章中,我们能够看到:成功的基础是顾客导向,这应该成为企业的第二大要务。

比起创新大赛中的其他参与者,"最佳创新企业"能够在其创新管理中整合更多的内部和外界职能。创新大赛的获胜者还有其他与众不同的地方:它们能够明确知道自己处在创新征程的哪个位置。

对于可重复的程序不厌其烦

如果创新不可寄托于"灵光一现的瞬间",而是可进行管理和重复的流程,那么流程管理必然是创新基础的一项重要内容。为了做出正确的战略选择,管理人员和组织就需要掌握事实。

我们所说的事实,指的是这样一个过程:一个点子从洞察到构思,到投放市场，再到最后被后续创新所取代——换句话说，就是一个创新的生命周期。从诞生到被淘汰，需要从多方面对创新加以管理：流程跟踪、偏轨分析、创新协调，以及职能战略的结果等。这些都是事实驱动的过程。这些方面也许无法衡量人们的创新热情，但它们是共同愿景得以实现的基础，增强了创新文化的氛围。

　　无论哪种流程控制，都不应该过于死板，以致阻碍"灵光一现的瞬间"的诞生。但这个世界是高度波动的，在商业创意的开发过程中，如果没有架构良好的波动控制是很危险的。

　　对于研制周期较长的创新项目，这一点尤为重要。市场波动带来的风险对于一些行业的影响大于其他行业——对于制药行业来说影响较小，因为制药行业的成本主要在研发方面。而对于原材料价格波动敏感的厂家来说，影响就会很大。例如，在我们以往的咨询工作中曾经遇到过这样的案例：某生产商为一项创意非常好的产品制订了企划案，但在产品的开发过程中，并没有对企划案进行及时更新，也就是说，他们没有对规划前提进行管理。三年之后产品投放市场，可是利润率却非常低，因为原材料的价格已经上涨了。

　　请记住，流程管理并不是一项二维的任务，不是将某个创意从管路的一端运作到另一端就可以了。这是一个对多种创意在其各自生命周期的不同阶段进行首尾相连管理的过程，而每个创意又都是组织整体创新组合的一部分。这就使得事实管理非常具有挑战性，而且非常必要。

　　所有最佳创新企业奖得主都具有这样的共性：在创意从孕育期到成为商业现实的过程中，管理责任都有明确的分配。创新管理工作在公司中处于什么位置取决于组织设计，尽管一般说来每个业务部门或者分部都会有各自的组织设计。创新经理的工作不是坐在那里空想创意，而是对整个流程做出正确导航，实现创新的商业化。

　　"健康的现金流是公司机体的血液，创新和不断改进则是氧气。"

ČKD 集团 CEO 简·穆希尔说，"因此，每个人都可以有创意和想法。"ČKD 是一家捷克私人企业集团，获得了 2012 年的最佳创新企业奖，业务涉足电力、石油和天然气、可再生资源等能源行业的工程、采购和建设，及环境技术和基础设施发展等。

"我们的创新流程，"穆希尔说，"是典型的项目管理流程。比如从一开始，每个项目都会建立起数据测试管理系统。与此同时，我们也会寻找试验安装的最佳商业策略和最佳客户。"

德国汉高洗涤及家用护理产品事业部作为 2009—2010 年度最佳创新企业的总冠军获得者，非常注重平衡其全球工作流程和其"全球—当地"战略之间的关系。执行副总裁布鲁诺·皮亚琴察（Bruno Piacenza）将公司流程描述为"控制下的开放"，公司内部有着清晰的责任划分。2013 年，洗涤及家用护理产品事业部将其创新率提高至 45%——这是面世时间不及 3 年的产品在总销售额中所占的比例。他们的目标是在不远的将来把这一比例提高到 50%。

ČKD 和德国汉高在进展跟踪、创新合作和职能战略方面做得非常出色，这是"最佳创新企业"的一个普遍特色。很显然，在进展跟踪的所有元素中，最佳创新企业大赛的参赛者，不管是获胜者还是落选者，都必须竭尽全力迎接挑战来进行偏轨分析、规划前提控制以及规划流程控制。

获胜公司之所以能够脱颖而出，在于它们能够建立创新基础，并继续为此倾注精力。回报就是能够对组织的进展（即事实）有着清晰透明的掌握。

"最佳创新企业"善于平衡情感和事实、文化和流程——而不只是左脑型—右脑型二分法下的非左即右。这种双手同利的本领使得它们有能力不断地高效创新。不管是在顺境还是在逆境中，"最佳创新企业"总是能坚持它们的使命。

"最佳创新企业"一定会向其员工明确组织倡导什么——通过其领导行为，对风险的容忍度的明确，对一些失败的积极肯定，以及对创新和员工的企业家精神的表彰，这些都是企业阐明立场的途径。组织的价值观是持久不变的，不会随着领导层的变动或者时间的流逝而改变。

"最佳创新企业"随处可以得到灵感。无疑，它们首先会倾听顾客的声音，但它们也会积极倾听来自组织内各个层级有智慧的声音。它们相信好点子会随时出现在周围。"最佳创新企业"能够在市场竞争中胜出的原因，在于它们能够在结构性流程下，成功地将这些好点子纳入商业化的轨道。

"最佳创新企业"忠于其流程。工作流程中发生的事情能够指引创新战略，使组织得以管理多重可能性——从市场洞察、产品孕育到创新产品投放市场开始赢利的整个过程。

这就是创新的生命周期，是多产的创新组合的演化过程。

凯杰公司：雇员是创新战略的中心

凯杰公司是2011年最佳创新企业奖的总冠军得主。自从1984年公司成立以来，该公司已经成为全球生命科学和分子诊断学的领军者。公司的突出表现主要在于创新人事流程，将创新根植于公司文化中，及全球创新管理战略。最佳创新企业大赛的评委们认为凯杰公司在这三方面的成功对其获奖起到了决定性的作用。他们一致认为，这种累积效应推动了公司4,000名雇员的创造性思维。

医疗科技领域很多家喻户晓的公司都是凯杰公司的竞争者。仅仅在20多年的时间内，该公司已经从白手起家的小公司成长为世界知名公司，在分子样本、分子诊断学的化验技术、学术研究和医药方面都处于领先地位。凯杰还活跃在应用测试领域——法医学、食品和兽医检验等。2013年，公司的收入已达13亿美元。

最佳创新企业大赛的评委们说，凯杰公司能够积极引导员工的主动性，从而打造了创新文化。他们认为该公司是能够专注于灵感、认同和影响力的学习型组织。

凯杰的CEO夏沛然以更简明的方式阐述了公司的竞争力。

"我们的成功元素，"他说，"在于我们将对员工的选择、发展和鼓励置于创新管理战略的中心位置。"他认为，最重要的不是专业技能，而是某些性格特点——勇气和好奇心。

凯杰的创新文化使得公司对持续变化保持开放性，在必要的时候，还要接受公司核心价值主张的激变。公司最初从化学行业起家，为了更好地了解顾客应用增加了生物研究，为了开发实验室工作流程的自动解决方案继而增加了工程研究。就在最近，公司又扩展到了信息技术领域，使得用户得以分析和解读新的基因组测序技术所产生的大量数据。

除了建设新的基础设施，例如创新实验室及类似Beyond!的项目外，凯杰还与领先的科研机构保持着密切的联系，这些机构是公司在生命科学工具开发方面的传统主场。夏沛然说，与这些思维活跃的科学家们的交流是公司商业灵感的重要来源。

单一核心使乐信称雄

乐信公司是专注于商用厨房设备的杰出生产商。虽然在过去的40年里该公司已经在19个国家里成立了子公司，但公司仍将继续致力于其战略选择，在自身领域的开发深度和与顾客的亲密度方面保持单一的核心竞争力，公司前任总裁兼CEO冈特·布拉施克如是说。

这种专注使得乐信公司赢得了2013年的最佳创新企业奖。2012年对于欧盟来说日子并不好过，然而乐信公司在全世界的收入却增加了11%，达到了4.35亿美元。

乐信公司的总部位于德国南部的兰茨贝格，却占有全世界专业烤箱市场54%的份额。该公司自从1973年成立以来，已经在100多个国家销售了60多万件电器——每一件上都印记了制造这件电器的雇员的姓名。每天都有1.2亿顿饭是由乐信的厨房电器烹制的。

CEWE保持领先优势

在将近40年的时间里，CEWE一直是欧洲领先的摄影胶片生产商，是世界名牌柯达和富士的竞争者。然而，世界开始了变化——迅速的变化。

CEWE比其竞争者更早地意识到了这种变化。2000年左右，数码相机已经成了主流产品。1995年，德国共只有8万台数码相机售出。可到了2001年，这个数字已经暴涨至120万台。而今天，更是高达740万台，模拟胶片市场几乎已经消失了。

就在其竞争者对来势汹汹的数码革命不知所措的时候，CEWE已经开始行动了——它投资了3.5亿欧元用于开发数码洗印业务，与此同时，也重新调整了其核心胶片业务，以期为之延长几年的寿命。

今天，CEWE已然是在线相片洗印业务的领军者，总收入高达5.286亿欧元，2013年的息税前收入为2,940万欧元。而昔日的竞争者柯达和爱克发已经破产了。

互联网进一步搅乱了CEWE的战略蓝图。作为一种消费现象，它的到来意味着当人们学会在线分享数码相片后，胶片及胶片处理作为一种商业活动的消失。CEWE对此加以积极应对，它与其零售商网络联合起来，发明了新的照片洗印产品并积极营销。很快，公司就开展了照片日历、海报和油画的业务。2006年，更是推出了

CEWE 的照片书。

不过，CEWE 并不是照片书的发明者，实际上，它是追随者。公司开始使用的是现成的软件，但与此同时也在开发自己的软件，为其未来的核心业务做准备。最后，照片书拓展了新的业务——在 CEWE Print 旗下的在线洗印业务的集合。

现在，照片书已经成了 CEWE 的旗舰产品。不过 CEWE 已经预测到照片书市场萎缩的那一天。下一步棋该怎么走呢？CEWE 认为答案将来自移动设备。

"我们的优势在于能够将我们的创新基础与定义正确的创新战略结合起来。"公司 CEO 罗尔夫·霍兰德说，"一定要让雇员们明白，每种技术或产品都有其生命的终点，公司必须对此适应。"如果这种情况真的发生了，那么 CEWE 就需要以开明、开放的文化去接纳，并且要自由地梦想下一项重大创新，他如是说。

塔塔汽车集团对创新的重视

2000 年，塔塔汽车集团遇到了麻烦。印度汽车市场迎来了结构性变化：买方拥有了定价权，对于塔塔作为该国最大的汽车生产商所享有的几近垄断的地位造成了威胁。与此同时，塔塔过度开发了已经走弱的细分市场（卡车），而忽视了日渐成长的细分市场（小型商用交通工具）。

2014 年退休的塔塔集团前任副总裁拉维·康特（Ravi Kant）说，塔塔的管理层及时注意到了问题所在。发现问题之后，塔塔迅速行动起来。例如，为了增强其国际形象，塔塔收购了英国的捷豹路虎和韩国的大宇商用车。但是塔塔很清楚，可持续发展不是来自收购，而是来自创新。

塔塔大量投资于新兴市场所需的工程和研究，生产出印度第一台运动型功能车 Safari，还有被冠以"全球最便宜"称号的 Nano 牌汽车。

公司最具特色的创新也许是它的轻型卡车 Ace。自从 2005 年面世以来，Ace 及其生产线上其他型号的汽车已经售出了 100 多万台。凭借自身的影响力，Ace 创造了印度汽车市场上的新大类——小型商用车，目前占据印度商用汽车销售量一半以上的份额。塔塔占据了它所创造的品类大约 70% 的市场份额。

Ace 是拉维·康特称之为"结构性机会识别"的产物。而最终使其成为商业可能的则是塔塔价值链的创新，归根结底，是其商业模式的创新。

机会来自于对宏观经济趋势的评估和对顾客的一手研究资料。比如说，塔塔注意到 21 世纪城市人口的快速增长，一方面交通拥堵情况会越来越严重，另一方面又给小型交通工具带来了巨大的机会。从长远看来，可能意味着重型商用交通工具的禁行。它还注意到一个可能被其他生产商忽视的趋势，而这一趋势却与轻型商用交通工具的前景息息相关，那就是在辐射型交通模式的驱动下，对"最后一英里"商品送达日益增加的需求。

为了测试他们在数据中捕捉到的信息的准确性，塔塔组建了一个跨职能小组，对城市和农村市场上 4,000 名卡车和三轮车司机进行了采访。采访表明市场对这种交通工具有很大需求：省油，价位可接受，具有三轮车的易操纵性，同时具有四轮车的安全性、持久性和荷载量。采访还发现了一个微妙的需求：三轮车司机们渴望能够拥有一台四轮卡车，以提高自己的社会地位。因此从一开始，Ace 就得肩负众多重任。

塔塔对 Ace 汽车的开发既关注了创新速度，又得考虑投资回收期。为了确保获得对价格敏感的印度顾客的接受，公司采取了"目标成本路径"，给 Ace 的开发团队规定了最终标价的最高限，表明了公司对定价创新的严肃态度。对赢利时间的紧迫要求使团队加快速度进行市场营销、分销和经销商融资。

"发现市场的潜在需求，不仅可以促进新产品开发，而且能够对创新进行全盘管理。这种能力能够影响价值链的各个环节。"拉维·康特说。

塔塔的分销模式也有创新，其销售点的地理位置接近农村和城乡交界处的目标顾客。公司要求每家经销商在目标区域设置 8—20 个销售点，还设立了汽车展示厅，组织在乡村集市进行汽车展览，目标在于尽量扩大市场机会。用康特的话来说，就是给顾客尽可能多的机会去"触摸、感受"Ace 车。与此同时，塔塔公司的融资部门也会给新顾客提供长期贷款，使得拥有一台 Ace 车变得切实可行，更具吸引力。

成功就在眼前。塔塔的生产平台迅速扩展到几个不同的车型，包括比 Ace 更重或者更轻的车型，以及客车。公司还将 Ace 的创新分享到其他的汽车生产线上。现在塔塔已经成为世界第四大卡车生产商，2013—2014 财政年度的收入达到了创纪录的 389 亿美元。

3M 为企业家精神创造空间

1948 年，3M 公司的威廉·麦克奈特说："随着业务的增长，我们越来越需要将责任下放，鼓励我们的员工发挥他们的主观能动性。这需要相当的容忍度。我们所授权的那些雇员，如果合格的话，将会按照自己的方式来行事。"

麦克奈特 1966 年退休，但 3M 公司继续贯彻着鼓励个人创新的政策，并坚持执行其 15% 的规定，即雇员必须将其工作时间的 15% 用于新点子的开发。虽然这个时间并没有正式的跟踪或衡量措施，但却是 3M 公司对内部创新持严肃认真态度的具体表现。

这种创新文化给3M公司带来了不止一次的回报，最著名的可能就是即时贴的发明。其实这是1968年化学家斯宾塞·西尔弗（Spencer Silver）在开发强力胶水时失败的副产品。3M公司"自由研发时间"的政策给雇员以空间，可以对失败的尝试做继续努力。最后，另一位化学家阿特·弗赖伊（Art Fry）有了个主意，将西尔弗开发失败的胶水用在其赞美诗集里一张书签的背后。虽然花费了10年的时间，但即时贴终于在1978年问世了。

第二章 构建创新组织的基础

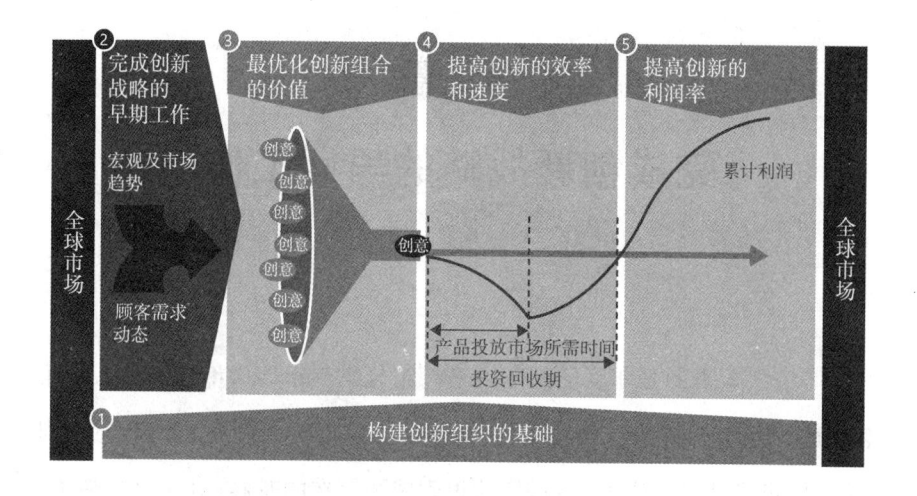

② 完成创新战略的早期工作
- 宏观及市场趋势
- 顾客需求动态

③ 最优化创新组合的价值
- 创意

④ 提高创新的效率和速度
- 产品投放市场所需时间
- 投资回收期

⑤ 提高创新的利润率
- 累计利润

全球市场

① 构建创新组织的基础

第三章

完成创新战略的早期工作

塔塔汽车集团是印度的汽车大亨，它是世界第四大卡车和公共汽车生产商，2013年的综合收入几近350亿美元。但十年前，塔塔就意识到了问题，世界已经变化了。等塔塔认识到威胁存在的时候，几乎已经晚了。

"我们的市场已经自由化了，"塔塔的前任副总裁拉维·康特回忆说，"世界已经从卖方市场变成了买方市场，塔塔的垄断地位受到了威胁。"公司意识到了其战略细分市场已经走弱，例如周期性很强的卡车市场。与此同时，在正在成长的细分市场，塔塔实力相对较弱，例如小型商用汽车市场。

塔塔致力于以创新来应对战略危机。塔塔的反应速度和方法很好地向我们展示了如何正确定义创新战略——不仅是积极应对萎缩的市场，而且是从长远角度考虑如何重新焕发公司的青春。

本章中，我们将讨论构建创新战略的首要步骤，从搜索字段组合开始。搜索字段是创新的活水源头。我们将看到，对搜索字段的开发取决于对未来的严谨看法——不仅是关于单个公司的运营环境，而是对整个世界的总体看法。搜索字段对公司的战略构想会产生很大的影响。

对未来的展望决定了一家公司应该考虑哪些细分市场，应该拥有哪些能力，而不仅仅是空想。公司能力应该与顾客需求相匹配。这不是件容易的事，因为顾客并不总是很清楚他们到底想要什么。

这些准备步骤完成后，就应该绘制创新路线图了。要明确目的地，以及到达目的地的方法。在本章中，我们将探讨如下的问题：

清楚自己的目标。对创新战略要有清晰的期望值——其对公司成长的贡献,需要在哪些细分市场进行竞争,为了在竞争中获胜都需要做些什么,明确公司应该致力于哪些具体的工作。

对未来有自己的观点。应该把远见视为组织能力。凭借战略远见对未来形成结构性思维,有助于公司对于创新组合做长期规划,并且能加快决策速度。

定义创新搜索字段。在最初阶段即搜索字段阶段应该重点强调对商业创意的探索。搜索字段应该是创意漏斗的阔嘴部分,必须以当前运营环境和整个世界趋势作为基础。

知悉顾客的渴望。了解顾客对产品或服务的要求,知其所需,想其所想。真正的挑战是有时连顾客都不知道他们接下来需要什么。

认识自己的能力,做相应的投资。能力分成两大类:知识和天赋。需要回答的问题是:哪些能力需要内部开发,哪些需要花钱购买或者从合作伙伴那里借取。

绘制创新路线图。绘制创新发展路线图。这不仅意味着规划和目标设定,还包括做好准备灵活应对意外。要知道,不管你对未来考虑得多么周到,意外总会存在的。

清楚自己的目标

在我们的咨询工作中,常常遇到客户对创新战略目标模糊不清的情况(见图3-1),结果导致创新组合火候不成熟。这种情况在塔塔集团或其他最佳创新企业奖得主身上都不会出现。相反,"最佳创新企业"的创新企划案都有明确的期望值。它们会致力于一些明确的、切实可行的目标。具体目标的确立增加了企业的透明度,企业需要明确其长期增长目标,并且向组织成员和投资者公开。

图3-1 "最佳创新企业"确定下清晰的期望值和可达到的目标

可达到的目标
（回应的百分比）

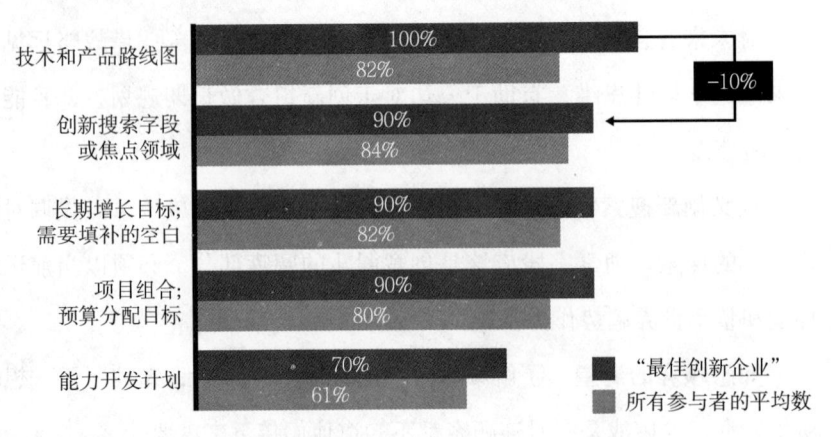

项目	"最佳创新企业"	所有参与者的平均数
技术和产品路线图	100%	82%
创新搜索字段或焦点领域	90%	84%
长期增长目标；需要填补的空白	90%	82%
项目组合；预算分配目标	90%	80%
能力开发计划	70%	61%

技术和产品路线图一项标注 −10%。

数据来源：科尔尼公司的最佳创新企业大赛。

为了成功地策划创新，创新领军人物都会考虑如下重要的问题：

- 将创新组合的预期发展和现有创新路径综合考虑，创新对于发展企业长期目标的贡献是什么？
- 哪个细分市场需要予以最多的关注？
- 为了实现创新组合，需要拥有哪些能力？这些能力可以在内部发展，还是需要从合作者那里获取，比如说供应商或者大学？
- 从风险高低和长短期规划的角度讲，创新组合的最佳搭配是什么？新市场和新技术与现有产品的逐步改进（有时我们称之为节约型创新）之间又应该有什么样的搭配比例？[5] 在创新路径中，哪个应该予以加速发展？
- 所需的创新速度如何？换句话说，需要在多长时间内到达目标？又应该按照什么样的路线图来执行？
- 创新战略如何融合到全球化业务的日常工作中来？——当然，它不仅要影响雇员，而且要影响股东和合作伙伴。

这些问题的提出,并不是为了要缩小创新的范围,正相反,是为了拓宽创新的范围。对于这些问题的深刻思考和正确处理可以帮助组织奠定基础,打造未来。

架构平衡的创新组合既有中期指标,也有长期指标,还包括孕育中的和即将投放市场的创新。

对未来有自己的观点

"已经做好准备投放市场的产品,"凯杰公司的CEO夏沛然说,"几乎总是不同部门合作的结果——从战略和研发,到生产和销售。"这种跨部门沟通的能力对于伟大创新家的远见是必不可少的。在创新战略的早期阶段,即当组织仍在定义其搜索字段时尤为如此。

"最佳创新企业"有个共同特点,即它们对未来都有着清晰的看法,既有宏观层面的,又有微观层面的。对世界的走向做认真思考可以为它们的创新组合带来长期视角。我们所说的长期,指的是几年后的未来。对于"最佳创新企业"来说,这种视野非常必要,能够帮助其决定投资的方向。它们希望能在世界影响其之前主动影响世界。

对未来做严谨的思考很难,但仍有很多方法可以尝试。在某个行业,眼光和远见会有很多具体的形式。如果说"最佳创新企业"思考未来的方法不尽相同,但总有一个共同点的话,那就是它们都把远见视为创新战略的中心支柱——尤其是当世界的变化改变了顾客需求时。

思考未来最广为人知的方法可能就是情境分析法了,虽然也许并不是人人会用。无论采用哪种途径,思考未来的公司都会做情境规划。例如,它们常常会谈到"驱动力",这不仅会直接影响企业经营的小环境,而且会影响整个世界大环境。世界的未来从不会完全如我们所期,因此致力于长尾创新组合的管理者们会对多个战略及战术情境进行测试,以判断他们的计划在意外情境中是否行得通。

自从 2008 年信用危机以来，从职业视角关注未来的经理人们更加重视在面对"黑天鹅事件"的时候，企业能屈能伸、适应情势的能力。[6]"黑天鹅事件"指的是发生概率低，但影响力大的事件，能够直接影响人类的生存环境——当然也会影响企业的运营环境。虽然难以预测，但事后看来似乎又是不可避免的。

无论用什么方式思考未来，我们的目标都是要避免盲点。无论经营哪种业务，都必须意识到威胁的存在。如果在转型时刻坐失良机那就更值得扼腕痛惜了。

在开发创新战略、定义搜索字段时，对未来无疑要有自己的看法，而这些看法必须要有一定的推测基础。创新经理们一开始都尽量地集思广益，努力探寻直接影响企业经营环境和整个世界的驱动力。这些驱动力可能激发的变化会给未来带来什么样的主题呢？这些主题有什么样的共性？我们如何把这些共性归纳为一项超级主题呢？在做这些思考时，战略家们一定要注意避免用过去的模式来嵌套未来。

"人们总愿意用过去推断未来，"可口可乐公司的首席技术官盖伊·沃拉特说，"似乎他们不相信成长和变化。如果人们不用过去推断未来，就能更好地迎接未来的挑战，及时抓住机会——无论机会是来自于技术发展还是来自于消费者需求的变化。"

对于"最佳创新企业"而言，对未来洞察的共识会成为连续性战略对话的出发点。远见是一种能力，在运营管理中持续发挥作用，能够保证长期战略视角的优势，对公司的战略选择起到积极的影响。它能够加快决策速度，使企业拥有全局的视角，塑造并调整整个组织及创新组合的前景，而不论组织的规模大小。

这种多层次的谈话不应只局限于总部大楼里。组织需要倾听来自公司内外各个方向的声音，包括顾客（尤为重要）、供应商、大学、顾问及其他任何位置的合作者。

用心思考未来对于"最佳创新企业"而言是必需的，尤其对于那些拥有全球业务的企业而言。

"世界各地的市场和细分市场都在发生着变化。"大众汽车首席技术官乌尔里希·哈肯贝格说，"顾客的要求越来越具挑战性，他们需要性能持久的汽车，驾驶观念也在变化。未来，汽车需要有更多的功能来满足更加个性化的顾客需求。"

对于大众汽车这样的国际企业来说，它必须认真思考市场的未来，了解其不熟悉的文化。例如，它在中国有个重要项目——"人民之车"，主要目的是了解中国的年轻顾客对大众汽车的看法，及他们的观点对公司未来发展的意义。

对于持续创新的公司（及那些希望做到这一点的企业）来说，它们的任务就是及时了解客户的动向，甚至在顾客产生需求之前就能够提前预测到其可能性。

定义创新搜索字段

创新战略的早期工作应该重点关注创造透明度，要对目前经营环境的内外部趋势拥有明确的看法。严谨的创新企划案会把对商业创意的开发尽早放在最重要的位置——搜索字段阶段。

"最佳创新企业"在打造创新组合方面表现卓著，构建创新组合的形式多样。但不论它们采用何种方式，每个搜索字段组合都始自同样的问题：我们打算在哪个行业的哪个细分市场竞争？如果今天我们尚有竞争力，未来是否会同样有竞争力？

根据所处的行业和所处的竞争地位不同，"最佳创新企业"对于这一问题有不同的表达方法。例如，塔塔公司在定义其搜索字段时，重点是提高其在印度小轿车细分市场的知名度。在决定其搜索字段组合时，

> "创新不是孤岛，它存在于整个公司的各个环节。而创新的驱动力不能教条地强加到系统中去。很多不同的因素，从意外发现到结构性流程，都可能会影响到创新的成功。"
>
> ——凯杰公司 CEO 夏沛然

公司很清楚，不同的因素会成为公司成长的驱动力，组织需要更好地了解所有这些因素。塔塔知道，印度人的收入逐步提高，中产阶级驾驶者的生活质量正在改善，迫切希望提高其社会地位。塔塔认为这会导致民众对三轮车的需求转移到四轮汽车上。虽然在产品开发之前仍需做更多的调查研究，但塔塔公司宽泛的搜索字段应是产品开发的起点。开发过程异常迅速：2008年，世界上最便宜的轿车塔塔 Nano 投放市场了——每台只需 2,000 美元。

德国大众汽车公司赢得了 2005 年最佳创新企业大赛的可持续创新类奖项，其创新漏斗的宽嘴一端由经典搜索字段组合构成，包括类似规制、新竞争以及具有地区针对性的产品等。对于这家在全球有着 104 家工厂、雇佣 550,000 名雇员、生产 280 个型号产品的公司来说，最后一点尤为重要，也是特殊的挑战。

"对于我们来说，创新并不是蛋糕上面那层糖霜，"首席技术官乌尔里希·哈肯贝格说，"而是产品开发过程中必不可少的内在环节。"

这也是大众汽车品牌战略的必要环节。对于一家座右铭是"Das Auto"（德语的"汽车"）的公司而言，搜索字段所表现的宽泛性对于其身份的确认非常重要，引导着它在永远处于波动状态的行业里发展。公司将这一点清晰地传达给组织成员和股东。

"汽车行业正在经历急剧的转型，"公司总裁马丁·文德恩（Martin Winterkorn）在 2012 年的公司年报中写道，"大市场和细分市场正在变化，顾客需求越来越具有挑战性，对于可持续性发展的交通工具的要求在提高，驾驶观念也在变化。未来的汽车需要有更多的功能来满足多样化、个性化的顾客需求。"

对于大众汽车而言，在全世界的传统市场里，新的竞争对手在涌现，行业容量却在缩小。与此同时，公司也在密切关注着气候变化、资源短缺、社会老龄化、城市发展等问题，因为这些问题对汽车行业都会造成重大的影响。

到2050年，预计世界人口将增长到90亿，其中70%会生活在城市。大众汽车注意到了不同选择之间微妙的战略联系。人口增长和城市密度会凸显可替代动力的重要性，并加大对智能交通管理的需求。大众公司将涉足这两个不同的领域，并将其纳入创新战略的搜索字段。

搜索字段的组建应以宏观趋势为基础，例如消费模式、人口统计、技术、政治活动甚至自然环境等各方面的变化。例如，卡普施是奥地利一家专注于电信系统和交通监测技术的公司，该公司密切关注城市化和智能城市的发展。而世界顶级消防设备生产商卢森宝亚注意到，人口的高度流动性制约了能够从事消防工作的人数。这对于卢森宝亚意味着什么呢？推测结论之一，这可能意味着更多的女性将成为消防员。这一人口现象直到最近才有所体现。卢森宝亚正在探究这一现象对于其设备生产线的影响。

大趋势是搜索字段组合的出发点，因为其中所蕴含的种子也许某一天就会萌发。不过，深入地思考某个宏观趋势最终会怎样导致某种产品的诞生，可能还为时过早。

搜索字段指导企业做出选择。它们关注具有高度商业潜力或战略重要性领域中的新观点。搜索字段必须与现阶段商业战略有直接的联系。例如，3M公司每年都会制作《未来市场分析》。

在创新战略的早期阶段，公司无须在其各个搜索字段组合领域都处于领先位置。搜索字段为公司明确了方向，帮助其沿着指明的道路确定将来能够处于领先地位的领域。它们指出了公司可以通过怎样的路径获取所需要的能力，以充分实现创新战略的潜能从而支持新的增长。

这是创新战略必须具有的功能。任何组织都应做到这一点，这是毋庸置疑的。

开发搜索字段并没有什么最佳做法，大多数"最佳创新企业"都开发出了适应自己公司特点的"独家秘方"。但无论"最佳创新企业"采用哪些方法来定义其搜索字段组合，它们对未来都有着自己的看法——它们的视角既开阔又严谨。

知悉顾客的渴望

每家公司，无论是否是"最佳创新企业"，都希望获知顾客的想法。"如果让我们自己构想向顾客提供价值的方法，我们的想法无非都会局限在提高产品性能或者节省燃料等方面，或者类似的角度。"小松集团 CEO 大桥彻二说，"结果只能囿于思考怎样改进建筑设备本身。可是，单纯改进产品性能却只能让你成为行业的追随者。"

> "对于我们来说，创新并不是蛋糕上面那层糖霜，而是产品开发过程中必不可少的内在环节。"
> ——大众汽车公司首席技术官乌尔里希·哈肯贝格

要想获知顾客的想法，就需要理解他们的思维方式。而这，又完全取决于你的提问方式。

我们惊讶地发现，就连有些非常成功的公司在处理创新战略时，也仅是凭借对顾客想法的较好直觉。某些情况下，这只是因为其薄弱的组织文化没有足够重视与顾客的紧密联系——用大桥彻二的话来说，没有将"实现顾客的梦想"作为其出发点。（请见前一章，"构建创新组织的基础"。）

在倾听顾客心声并从中汲取灵感方面，即便那些能够与顾客保持紧密联系的公司，也有巨大的提升空间。

如果你想知道顾客的需求，不要直接这么提问。你应该问他们为什么要购买这种产品或者服务——换句话说，他们希望这种产品或服务具有什么功能，然后仔细倾听他们的回答。顾客希望产品所能发挥的作用提示了未能得到满足的需求和利基市场，这些都有待于创新。通过了解顾客的渴望，公司可以汲取顾客的智慧。

如何倾听顾客心声呢？传统方法涉及各种有效的定性工具和量化工具。例如，人种学观察法(Ethnographic observation)与设计思维紧密联系，这种方法要求研究者观察顾客在其"自然栖息地"如何使用某种产品或服务，从而对顾客体验得到直接洞察。对个别顾客做深入访谈，问他们一些开放式的问题，有可能帮助研究者探测到一些未曾预料的商机。各焦点小组观察顾客行为，不同的洞察相互碰撞。量化调查虽然缺乏这种人类动态学的因素，但能够提供重要的统计数据分析，从而获得严谨的量化需求细分。

然而，这些传统方法的难点在于，顾客常常不知道自己下一步需要什么，或者无法描述后续需求。对于"你需要什么？"这样直接的问题，给出的回答往往只是一些抽象需求和问题的大杂烩，就只能靠提问者的直觉来理顺了。

德国汉高公司洗涤及家用护理部遇到的问题就很好地说明了，要真正了解顾客的需求是多么具有挑战性。很多年以来，公司的业务部听到顾客的呼声一直是希望获得更加环保的产品。但同时，他们又不愿意为环保产品支付更多。对于这种显而易见的矛盾，汉高的解决方案就是将绿色产品与低能源消耗产生的节约联系起来。

也许，企业本身都没有搞懂它们想从顾客那里获得什么信息——而公司内部不同部门对"顾客需求"的不同解读使问题难上加难。

"知悉顾客的渴望"建立在传统方法的组合之上，但更加精确，因为这种方法首先要求组织内部对于"需求"有着共识。它要求对顾客的价值观有着清晰的描述，即便是潜意识中的价值观。这样就会更容易地将顾客的语言翻译成工程师的语言，使得创新战略有更明确的焦点和更快的速度，使组织的精力集中在一些明确的机会上。

对于很多"最佳创新企业"而言，这种做法似乎来得很自然。按照小松集团大桥彻二的说法，"了解顾客的需求，与他们共同努力持续创新，最后使顾客梦想成真，这是一种商业模式。这种模式以及因此产生的新技术不会被别人马上复制"。

大桥彻二认为LINET公司就具有类似的精神。2012年当捷克首次举办最佳创新企业大赛时，该公司作为欧洲医护用床生产商，一举拿下了大奖。

"我们不指望顾客主动找我们，说出他们的改进建议，"LINET的执行董事托马斯·科拉尔（Tomas Kolar）说，"我们会在员工之间促成积极的合作。我们会组织讨论，探究医务工作者的工作方式，设想什么会使他们的工作更加轻松，并提高病人的舒适度。"

LINET尤其注重顾客投诉，将此视为对特定产品进行改进的充分条件，并依此评估创新潜能。LINET公司广受好评的能够监测病人生命体征的智能病床，正是通过这种方式开发出来的。科拉尔认为，对顾客需求的投入促成了LINET公司50%的创新组合的诞生——是专利搜索和内部头脑风暴贡献总和的二倍。

认识自己的能力，做相应的投资

能力大体可以分为两大类：知识和人才。"最佳创新企业"必须回答的问题是：需要哪些方面的能力来支持其创新战略？是内部开发还是从外部购买？

对于"最佳创新企业"而言，着眼点更应放在未来，而不是现在。最终的目标是获得合适的人才组合。

"谈到创新，"大桥彻二说，"仅仅

> "谈到创新，仅仅熟悉技术是不够的。"
> ——小松集团总裁兼CEO大桥彻二

熟悉技术是不够的。"小松集团非常注重顾客体验，有时甚至从顾客中招聘雇员。它还会收购其用户企业。例如，公司雇员中有些人就曾在美国的煤矿工作过，他们不仅对一些机器非常了解，而且熟悉操作。因此，小松对顾客的重视早已不局限于表层意义了。它能够刻意地根据其创新战略来获取能力。

小松集团还通过收购"将外部知识内化"。例如在1996年，公司收购了模块采矿系统公司（Modular Mining Systems, Inc.），以更好地了解从事采矿业的用户企业的需求。本次收购与公司现有的知识库相结合，收到了良好的成效。

我们来看另外一个例子。大众汽车公司非常注重建设持久学习的公司文化，公司提倡引进"需求导向型及量身定做型"人才，并对现有人才进行新模式培训。

ČKD也许并不像小松集团或者大众汽车那样是世界闻名的巨头，但在其行业内，这家捷克工程公司无疑是支生力军。"就规模来说，我们绝不是什么大牛，"公司CEO简·穆希尔说，"我们没有那些老牌公司拥有的长期关系，这无疑让我们处于劣势地位。我们需要生产高质量的产品，以获得竞争力。"

ČKD将其小规模反转成竞争优势。例如，它对市场动态能够施以快速注意，并予以敏捷的反应。

"我们必须精确地知道新系统包括哪些技术要素，"穆希尔说，"还需要知道目前谁是这些系统的全球领先供应商。"对于这些技术，ČKD要么购买，要么自己开发。ČKD的供应商往往会成为其合作伙伴，与ČKD结合起来共同达到穆希尔所说的"互补竞争力"，帮助双方赢得未来的竞标。

无论在组织内外，ČKD都强调合作的紧密性以增强竞争能力——这是小规模带来的另外一个优势。

"我们遵循低权力距离原则，"穆希尔借用了 IBM 的前任工程师、荷兰社会心理学家吉尔特·霍夫斯塔德（Geert Hofstede）所开发的理论，该理论用来衡量组织及社会中的权力分配问题。[7] "我们的团队成员相互认识，"穆希尔说，"并有一定的私人交往。在个人层面上成员之间要能够和谐共处，例如拥有同样的血型，如果可能的话。我们注重加深成员之间的友谊，在其助力下，组织层面的工作能够更加有效地推动、开展。"

Chemtech 公司的运营总监吉尔典·菲略（Gildeon Filho）认为，创新的培养始于拥有合适的人才。当组织着眼于 10 年或者 15 年之后的未来时，它必须不断地充实其人才库，时时反思公司的人才与其他能力的配套，争取将其创新组合的价值最大化。

还有关键的一点：绘制路线图协助自己达到目标。

绘制创新路线图

"最佳创新企业"无论是在习惯思维方面，还是在主观意图方面都是以未来为导向的。它们用规划工具所制定的创新战略既有短期的（一至三年），也有长期的。所有公司都会绘制不同类型的创新路线图——详细规划从设计到生产、到产品投放市场过程中的每一步骤。路线图制定者努力使每个产品领域的创新能够应用到产品组合中的其他方面。[8]

路线图的功能不仅仅是规划和目标设定。它们都有一定的灵活度，以应对不可避免的意外。无论对未来有着多么周全的考虑，意外必然会存在。而路线图就是帮助实施创新战略的工具。

对于"最佳创新企业"而言，路线图最关注的不是预算和人员配给。创新路线图会大致告诉我们什么时候新技术或新产品会进入市场，并且会指明这种变化需要什么样的能力储备。路线图不仅会告诉组织什么类型的产品或服务会进入市场，还会预测有多快，以什么样的形式，并对预算配置给出清晰的指导。

在某种程度上，绘制路线图能够帮助企业自问自答：如果我知道什么时候需要把产品准备好，那么我必须要问自己一些必要的问题，达到可执行目标需要做些什么。

法雷奥（Valeo）公司的 CEO 雅克·阿申布瓦（Jacques Aschenbroich）说，公司之所以能够"与顾客之间进行结构性的频繁交流"，在于公司在绘制创新路线图时的领先地位。"通过与客户交流他们对技术路线图的看法，企业得以关注重点课题，力争获得客户及其最终用户所期待的解决方案。"雅克如是说。

法雷奥是面向全世界所有汽车生产商的独立汽车零部件供应商。作为科技公司，法雷奥公司致力于开发降低汽车二氧化碳排放量的产品与系统及无人驾驶技术。该公司赢得了 2007 年最佳创新企业奖的创新流程奖。法雷奥公司还被汤森路透集团（Thomson Reuters）列为 2012 年以来全球前 100 家创新企业。

"我们对技术路线图进行每年两次的审核，"阿申布瓦说，"并仔细审查我们的创新组合是否符合社会需求，例如降低排放量、无人驾驶、顾客需求和市场导向等。"

在与"最佳创新企业"打交道的过程中，我们注意到很多路线图需要三年甚至十年的时间才能达到影响力的峰值。在这个过程中，很自然会出现商业里程碑。具有远见的路线图对组织是极为有益的，否则组织很容易走到短期计划的老路上来——而这种老路很可能会忽视创新组合的重要地位。

"最佳创新企业"有很清晰的战略方向。它们知道自己想要什么，对其创新工作所要达到的目标有具体的期望值，例如利润率水平，以及其他方方面面。

战略明晰度决定了创新对于利润增长的长期意义。首先，它能够产生搜索字段,指出了企业需要什么样的能力才能支持富有进取心的创新组合。它阐释了企业需要参与竞争的细分市场,拓展了企业的视野。

明晰性对于组织和合作者必不可少,在创新战略的早期工作中占有非常重要的地位。透明度建设应该放在所有事情之前去完成。透明度源自对公司目前运营环境内外部趋势的结构性看法,这种结构性看法决定了搜索字段的确定。

搜索字段的确定需要远见,远见要建立在对组织目前运营环境内外部宏观趋势的了解之上。清晰的搜索字段能够积极地反映出世界的走向。思考世界的走向能够为整个创新战略带来长期视角,对于"最佳创新企业"而言,可能意味着数年之后的未来。

影响创新组合的另一主要力量是顾客,具体说来是顾客的期望。"最佳创新企业"非常注重倾听顾客的心声,并能够揣摩出他们的需求走向——甚至经常早于顾客自身的意识。

对未来及顾客的关注会给创新战略带来持续的生机。在这层含义上,创新路线图会补充稳定性,指出利润增长和企业达到目标所应走的道路。从产品设计到生产、再到最后投放市场,"最佳创新企业"所思考的不仅仅是预算和用工,还要考虑创意开发的关键要素,如形式、技巧、知识、创新速度等,这些要素在其同行中显然没有得到足够的思考和重视。对于"最佳创新企业"而言,这些要素对于创新组合的价值最大化非常关键。

情境规划的语言

驱动力:影响世界环境的主要经济及社会力量。

变化主题:全球驱动力各个要素的个体自身发展。

超级主题:各个主题所汇集的共同方向集合。

新趋势:联合或者冲突下的不同驱动力形成的主题分类。

情境:源自变化主题或未知因素的趋势发展,可能会是积极的,也可能是消极的。

未知因素的非连续性：直接影响人类生活的低概率、高影响力的事件；可能会有积极或消极的影响；发展迅速，超出了任何机构、群体或个人的控制力；有时被称为"黑天鹅事件"。

利用情境规划手段

每个人在头脑中都有对未来的构想。如果人们从不说出自己的看法，却依此行事，就会出现很多问题。情境规划能够帮助人们思考多种可能性的未来，并理清思路。

当代情境规划法可以追溯到20世纪70年代的荷兰皇家壳牌石油公司。[9] 与行业中其他公司一样，欧佩克成员国突然的政治态度改变和环境运动让壳牌公司措手不及——早在40年前，这些麻烦远远超出了公司专注于钻采炼化的能力。壳牌公司需要新的方法来预测其运营环境。它不仅要了解公司成长应选择的战术，还要预测到外界力量对其战术选择的影响。

情境规划有很多类型，每种类型都有其践行者。各种情境规划都特别关注对转型时刻的探索——这种急剧变化会影响我们的工作方式，甚至生活方式。它们具有很强的影响力，有时让人别无选择。仅仅在10—15年的时间里，这些驱动力就能达到影响力峰值，这是不足为奇的。

关于情境规划需要记住的一点是，它绝不意味着探寻所有未来可能性，然后将赌注押在最有可能的那一种上。你应该将假设战略应用到各种可能的未来情境中去，汲取所获取的各种洞察，观察哪些行为对于组织及其创新战略是最优的。唯有这样，组织所选定的道路，以及在做出选择后相应建立起来的能力才能够很好地应对任何一种可能的未来。[10]

怀疑者们会说，在实践中，情境规划只是一种脱离日常选择的激发性智力训练。当然，如果操作不当，很可能会沦为这种情况。但若想正确实施，首先需要选择合适的参与者——对整个世界形势有着真知灼见的外部人士，以及对工作有深刻洞察的内部专家。

正式的情境分析特别适用于大型、多维的组织。对于内部人来说，参与情境规划能够使大家在讨论未来时拥有较为一致的看法。如果某位创新经理说，"我认为我们正朝着某个方向发展"，同事们会产生某种特定的反应，因为他们曾共同参与探索，理解其所指。这并不是群体思维，而是大家对一系列可能性的共同参与。管理者们都理解并讨论过各个情境，即便他们可能对其含义意见不一。这种情况下，争议能够得到更好的解决，甚至对企业发展更为有益。这就是最为切实的战略远见。

情境规划法不一而足，但有些很好的做法一定要牢记。首先要有资深发起人，这不仅意味着组织对此态度严肃认真，而且能够确保在发现机会时能有权力和能力迅速抓住机会（或者降低风险）。能够完整实施的良好保障，加上行动权力，会使情境规划切实可行。

如果能够得到正确执行，情境规划将能为组织带来一系列对中长期未来有价值的认识。不过，未来的特点之一就是它总处于动态之中。因此，最佳做法是每年都需要重新审视上一年的情境规划，看它是否依然适应变化中的世界。

衡量顾客需求

根据克莱顿·克里斯坦森（Clayton Christensen）和安东尼·伍维克（Anthony Ulwick）的理论，要想倾听到顾客真切的呼声，应以"顺利完成工作"和"达到顾客期望的结果"为要素。[11,12]该理论的假设为：顾客"雇佣"某种产品或服务来帮助他们完成某项工作，例如，安全地将他们及其行李从A地送往B地，或者保持面部光洁等。

与每项工作相联系的，是所期望的结果——顾客希望这项工作如何很好地得到完成。这个标准能够衡量一件产品是否能够完成目标工作。顾客期望的结果可能是减少乘车时的颠簸感，或将完成一笔银行交易的时间最小化。

在该框架中，对"顺利完成工作"和"达到顾客期望的结果"的陈述都要使用特定的、前后一致的语法结构。这样会使它们得到准确理解，容易比较，在非技术人员可以理解的同时，能够随时转换为需要的技术规格。

"顾客期望的结果"就是顾客需求。利用这种系统的、前后一致的语言作为基础框架，企业可以用顾客能够理解的语言来收集信息。然后，就能够进行比较，将顾客需求转换成技术目标。

塞阿拉电力公司的运营创新之路

巴西塞阿拉州近900万居民都依赖于塞阿拉电力公司的供电。塞阿拉电力公司是意大利国家电力公司（Enel）的子公司。作为跨国公司，意大利国家电力公司是欧洲及拉丁美洲能源及天然气市场的一体化管理领军者。塞阿拉电力公司获得了巴西政府颁发的特许证，在2028年之前独家经营塞阿拉州的电力供应。公司拥有6,558名雇员，经营管理着13.6万公里的能源配给线路。

13年前，塞阿拉电力公司开始了长期战略规划，以改善服务为中心进行业务扩张。倾听顾客呼声成为其工作重点，公司的新座右铭反映出其决心："我们想了解您。"

在塞阿拉电力公司内部，这种激进的创新努力遭到了抵制，因为公用事业的竞争范围是受到严格规制的。但是到了2012年，也就是创新运动发起10年之后,公司文化得到了转型。

对于电力经销企业而言,创新可以通过两条路子得以实现,公司CEO埃布尔·罗西尼亚如是说。首先是技术进步,可以体现在企业基础设施的改进上。这种做法成本昂贵,并且容易被复制。第二条路子是运营改进,改善日常经营,提高效率。相比技术改进,这种方法对资本要求较低,必须完全在公司内部进行。对于塞阿拉电力公司来说,运营改进是其战略创新的杠杆,是塞阿拉电力公司与巴西其他公用事业企业的区别所在。

到了2012年,塞阿拉电力公司在建设创新文化方面的投资已经得到了收益。这一年,公司当选为巴西最佳电力公司,并获得了巴西电力配送企业协会(ABRADEE)颁发的年度大奖。同年,巴西全国电力能源局在其全国电力公司排名中将塞阿拉电力公司排在首位。也是在这一年,塞阿拉电力公司获得了最佳创新企业奖。

技术创新为小松集团带来了成长

2009年当全球金融危机最为严重的时候,小松集团被科尔尼公司列入了全球获胜者榜单。作为仅次于卡特彼勒(Caterpillar)的全球第二大建筑及矿业设备生产商,小松集团在整个世界经济衰退过程中所表现出来的业务优势似乎完胜潮流。

卡特彼勒公司的成功主要依赖于扩张及加强地域覆盖,增强与经销商的联系。而小松集团的战略则是在产品及服务的技术创新方面加大投入。

尽管世界经济波动频繁,小松集团在创新方面却从未松懈。"在确定成长战略时,一定不要扼杀创新的种子,即便当时没有适合的阳光和土壤。"公司CEO大桥彻二说。

无人驾驶自动倾卸卡车的自动运输系统(Autonomous Haulage

System）就是很好的例证。只有在全球定位卫星对私人开放之后，该产品才能够被引入市场。然而小松集团一直在耐心等待，与此同时致力于车载 IT 系统中传感器和通信技术的开发。

创新本身能够培养适合后续创新的土壤。小松集团的专利 GPS 系统 KOMTRAX 诞生于 2001 年，其功能主要是提供防盗技术。后来人们发现，KOMTRAX 还能够帮助测量设备的耗损程度。这不仅能够帮助小松集团获取机器维护日程信息，而且间接地对市场状况发出信号，辅助公司调整生产计划。

"实现自动倾卸卡车的无人驾驶是简单的技术创新。"大桥彻二说，"但将该技术与操纵控制系统结合起来以实现自动操控，却有助于实现所有采矿工序操纵控制的最优化，包括人工驾驶工具。这改变了我们顾客的工作方式。这是真正的创新。"

新人才新知识为 Chemtech 带来"有氧"运动

Chemtech 公司 1989 年成立于巴西。在 2001 年被西门子收购之前，它作为工程信息技术提供商在全世界已颇有声望，并为加工工业企业例如石油天然气、石化及发电企业提供咨询。

在愈加商品化的市场中，价格竞争日益激烈。公司运营总监吉尔典·菲略认为，公司致力于开发创新解决方案，为客户带来真正的价值，这才是 Chemtech 胜出的原因。

公司在创新努力上坚持不懈，新知识的经常性注入成为必需。2010 年以来，Chemtech 向所有成员明确，开放式创新是公司运营过程的中心思想。基于此，Chemtech 公司与巴西及世界各地的研发中心建立起了合作伙伴关系。[13] 对知识产权的培育和保护是 Chemtech 公司开放式创新途径的中心要素，这同样适用于其他任何创新者。

Chemtech公司在人才方面特别重视新鲜血液的注入，这一点在其2011年获得最佳创新企业奖时被评委着意提及。例如，公司的新人才项目会招聘顶尖大学的优秀毕业生进行为期一年的培训——并支付其所有费用。在仅仅头三年的时间里，新人才项目就从巴西各地招聘并培训了1,500多名技术人员和工程师。

注入新鲜血液，并让他们与有经验的专家共同工作，是为了"给大脑带来有氧运动"，菲略如是说。

Chemtech公司创新文化新人才项目的影响力很明显地体现在员工构成上。公司雇员中大约有85%在35岁以下，而60%的高层领导都不超过这个年龄。

新人才项目的参与者从一开始就应该为公司做出贡献。例如，Chemtech的研发部门投入使用了一套名为Chem Inova的工具，能够对其创新组合进行严格管理，该工具就是新人才项目做出的直接贡献。Chem Inova对新产品创意进行集中统一管理，开发商业计划，评估对顾客可能产生的影响等，确保了战略协调一致。

2013年公司启用Chem Inova之后，迅速产生了约50个创意，其中7个计划很快投入实施。

第三章　完成创新战略的早期工作

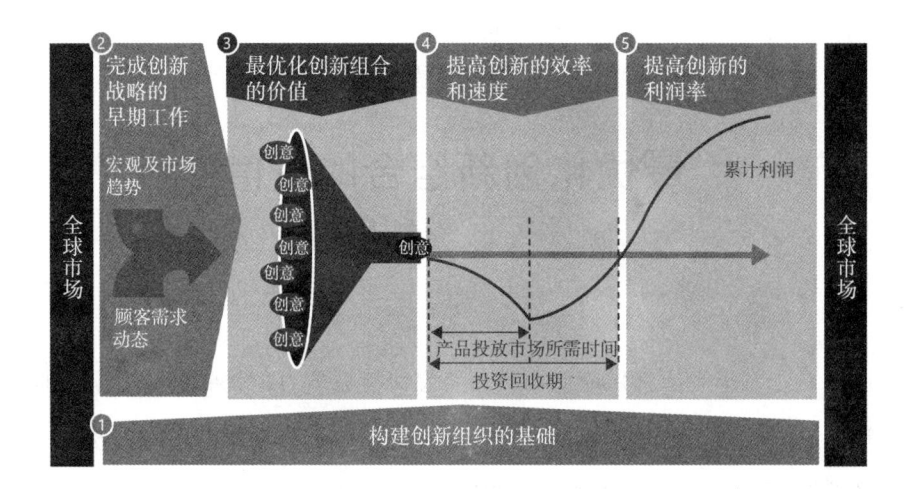

② 完成创新战略的早期工作
- 宏观及市场趋势
- 顾客需求动态

③ 最优化创新组合的价值
- 创意
- 创意
- 创意
- 创意
- 创意
- 创意
- 创意

④ 提高创新的效率和速度
- 产品投放市场所需时间
- 投资回收期

⑤ 提高创新的利润率
- 累计利润

全球市场　　　全球市场

① 构建创新组织的基础

67

第四章
最优化创新组合的价值

对于汽车零配件供应商而言，要想保持竞争力，就要坚持不懈，加速前进步伐。要做的事情太多了。一方面它们必须努力提高传统内燃机的效能，另一方面又需要与汽车制造商共同合作，加速电动汽车的开发。除此之外，还要照顾到百万司机的需求，他们将汽车视为电子消费品的一个分支，是其移动设备的摇篮。[14]

> "如果要继续挑战现有的产品，我们的创新流程就需要在严谨和灵活之间找到平衡。"
> ——法雷奥公司 CEO 雅克·阿申布瓦

对于获得 2007 年最佳创新企业奖的法国汽车配件供应商法雷奥集团而言，它面临的特殊挑战是如何管理 4 个业务部门下 16 个研究中心的 9,000 名研究人员，以及遍布 19 个国家的 34 个开发中心。

"该行业不再具有独立的地位了。"公司 CEO 雅克·阿申布瓦说。2008 年加入法雷奥之前，他是圣戈班公司（Saint-Gobain S.A.）的工程师，从事高性能材料的研究。"我们的研发人员遍布世界各地，与客户保持着密切接触。他们所研究的产品及技术的范围很广。如果要继续挑战现有的产品，我们的创新流程就需要在严谨和灵活之间找到平衡。"

某种意义上，严谨和灵活正是本书的中心术语。我们在讲述如何开发创新战略、将创新组合价值最优化时，就使用了平实无华的叙述风格。本章是这本书的关键章节，叙述了法雷奥和其他最佳创新企业奖得主长期以来是如何不断地内化创新，加大创新投资的。

本章重点在于将创新组合的价值最大化。讲述了一些公司的出色做法——从创新组合的最初阶段（搜索字段），到筛选，再到开发，到成为真正的赚钱工具，直到最后被新的创新所取代。这就是创新生命周期。

在创意开发的几乎每一个阶段，组织内不同层级间的合作都会使概念更加丰富，更加全面。培养并认可雇员的商业创造力是创新文化的中心支柱，第二章已充分说明了这一点。但合作的范围不仅限于公司内部，还包括外部参与者，例如顾客、供应商、大学和政府机构，在特殊情况下，还包括竞争者。随着时代的发展，我们还将看到越来越多的创新"经纪人"，他们给不同的合作伙伴牵线搭桥，使各自从对方那里获得自己缺少的能力。

倡导渐进式创新

当今时代，"破坏性创新"不绝于耳——那是能够改变一切的重大创意。但我们并不需要创新组合中的每一个创意都具有破坏性，渐进式创新在组合中也有着不可忽略的地位。

我们以塞阿拉电力公司为例，它是巴西的私营电力企业，获得了2012年和2013年的最佳创新企业奖。塞阿拉电力公司拥有巴西政府颁发的在塞阿拉州的特许权，该州大部分都属于欠发达地区。基于这样的情况，很长一段时期以来，塞阿拉电力公司的内部创新几乎没有任何进展。但11年前，着眼于塞阿拉州的未来发展，公司开启了渐进式创新的征程，包括减少运营成本，降低事故率，提高质量等。5年间（2008—2013年），公司开发了包括304个创新可能性的组合。到目前为止，这些渐进式创新给公司带来的价值约为1,043万美元。

在创新研究中，很多都是关于破坏性创新的，就好像创新战略唯一有价值的目标就是造成社会和技术的剧变。这是错误的。如果企业

只关注"重磅炸弹",它就不会有成长轨道。实际上,它若能在未来稳定生存就相当幸运了。创新组合必须在"破坏性"和"渐进式"之间找到平衡。破坏性会带来组织生命周期中的转型契机。它不仅能够给企业的总收入带来突然加速,而且会使企业进入全新的行业市场。然而,年复一年,企业的利润都取决于渐进式创新。IMP³rove 的基准数据库表明,对于激进式和渐进式创新的不同重视度可能与组织规模有内在联系。在雇员人数低于 20 人的小企业中,20% 的企业声称它们在努力实现激进式创新。而在雇员人数超过 100 人的企业中,主要兴趣在激进式创新的只占 14%。对于雇员人数低于 20 的小企业,力图用渐进式创新改变竞争环境的占 42%,而在雇员人数超过 100 的企业中,该比例为 49%。[15]

不管走哪一条路,只要组织对其创新组合的总价值进行管理以实现最优回报,它就会获得竞争优势。在本章中,我们将讨论:

- **管理创新组合**。构想新的业务流程,不只是一个创新组合,而是有先后次序的五个组合。从市场洞察到产品投放的过程中,每个组合都使用门径管理,每个组合都受制于绩效指标的控制,因为后者决定了创新生命周期。

- **追求真正开放的创新**。利用外部市场参与者的能力,将其创新工作最优化;利用各类外部参与者,包括顾客、供应商、大学、政府机构,在特殊情况下,还包括竞争者。

- **提高创新转化率**。在每个门径管理中,某创意必须证明自己存在的意义。转化率说明了在创新漏斗中,有多少点子一路走来能够存活到最后。转化率低意味着在太多无用的点子上浪费了太多的时间和金钱。转化率高意味着漏斗管理具有高效率。

管理创新组合

我们通常用漏斗做比喻,来描述将创意转化成产品投放市场的过程。早期阶段,漏斗嘴非常宽。这很容易理解:很多点子处在发酵阶段,都有待于讨论论证。但到最后,另外一端的漏斗嘴就变得非常窄小——这中间发生了很多重要的事情。

正是在漏斗窄窄的瓶颈处,企业对创新组合进行着积极管理,潜在创新从搜索字段开始,到最后产品投放市场,都需要经过瓶颈的仔细筛选。当然,这涉及对创意进行识别。但在识别之外,还需要对全部的商业创意组合进行平衡,也是对创新战略的平衡。

对流程的不同部分进行命名

"最佳创新企业"的实战经验告诉我们,在管理新的商业流程时,要把它视为五个组合而非一个。每个组合都是通往产品或服务市场投放的一个步骤(见图4-1)。门径管理不应用作束缚工具,而应留出一定的灵活机动空间。"最佳创新企业"能够在同类企业中脱颖而出的原因,是它们开发出了适合自己的创新生命周期管理方式。正如漏斗的比喻,将一些商业创意从其最初的雏形一路发展成为适合于市场需要的产品和服务。

"最佳创新企业"胜出的关键在于,它们能够创造透明的流程,使得创新战略从市场洞察到产品投放市场的每个步骤都清晰透明。在"完成创新战略的早期工作"一章中,我们讨论了新商业流程的基础组合:搜索字段。搜索字段的设定基础是特定运营环境下的世界宏观趋势。它们能够帮助企业理清未明确的趋势、威胁和机会。这是创新组合的播种阶段。尽管这是漏斗的宽嘴一端,但即便在这样的早期阶段,创新组合也能够根据组织的战略目标对新创意进行过滤，使之与战略目标的方向保持一致。

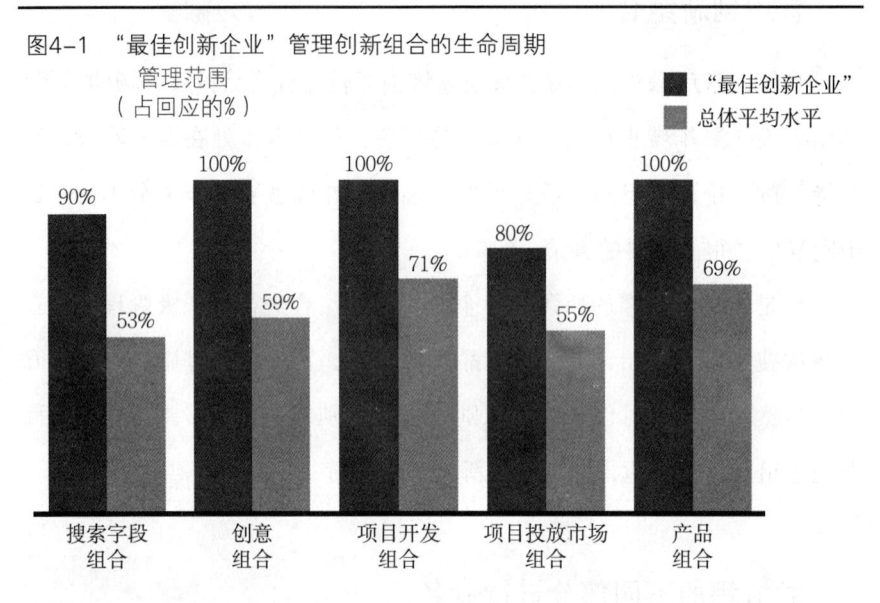

图4-1 "最佳创新企业"管理创新组合的生命周期

管理范围（占回应的%）

■ "最佳创新企业"
■ 总体平均水平

- 搜索字段组合：90% / 53%
- 创意组合：100% / 59%
- 项目开发组合：100% / 71%
- 项目投放市场组合：80% / 55%
- 产品组合：100% / 69%

数据来源：科尔尼公司最佳创新企业大赛。

> "困境在于如何建立某种形式的组织二元性。"
> ——卡普施公司 CEO 乔治·卡普施

我们以法国国家铁路公司（SNCF）为例，该公司的长途及高速铁路客运服务部（SNCF Voyages）获得了2013年最佳创新企业奖的服务类奖项。SNCF是欧洲高速长途铁路的领军者。2007年货运服务和2010年客运服务的开放，开启了欧洲铁路服务的自由化历程，加大了SNCF的创新压力。[16] 芭芭拉·达利巴德（Barbara Dalibard）自2010年以来开始担任长途及高速铁路服务部的CEO，她认为SNCF对搜索字段的定义应该建立在顾客对出行方便的广泛要求之上。这不仅仅意味着从一个火车站到另外一站的运输，毕竟，这只是对铁路核心业务的最低要求。

顾客所期待的，是从其旅程的出发点到终点的全程服务。正如芭芭拉·达利巴德所说，"我们TGV服务组合的目标是简化顾客从出发点到终点的旅程生活——在家购买并打印电子客票，旅程中帮助照看孩子，帮助老年旅客拿放行李等方方面面"[17]。

她说，公司的目标"是点到点的顾客无缝对接体验"[18]。从对顾客需求的深刻理解出发，SNCF建立了创意组合。这些创意组合从搜索字段中抽取了最有可能性的想法。对于SNCF来说，它尝试着向顾客提供一些非传统的服务，如果没有这样的服务，有些顾客可能就会选择不同的交通工具，或者根本不会计划出行。

建立创意组合是深刻理解价值的开端。从这里，创意流程开始了其急速的瘦身过程。在这个阶段，企业首次运用正式的量度来评估创意的潜能。例如，某公司经过研究得出的结论是，一个创意的潜在市场价值为500万美元，另外一个创意的潜在市场价值为1,000万美元。但第二个创意成为市场现实的时间点可能要远远晚于第一个。第三个创意虽然看起来很诱人，但组织却缺乏开发的能力。组织需要什么样的能力？如何获取？如何在时间、人力和财力的投资上做好主次轻重的排序？

一部分创意通过筛选，进入了下一步流程，即开发项目组合。在这个阶段，企业对产品进行开发，从而进入了产品推出组合。在产品组合中，所开发的创意拥有了能够引起市场兴趣的特色和功能。如此，通向市场的道路就被完全铺平了。

追求真正开放的创新

相对于其他公司，"最佳创新企业"在创新过程中的每一步都非常合作。我们知道原因：它们知道自身资源的有限性，因此会将精力集中在其最擅长的事情上。正如太阳微系统公司（Sun Microsystems）的创始人之一比尔·乔伊（Bill Joy）曾说过的那样，"无论你是谁，大多数超高智商的人都是在给别人打工"[19]。

这种开放式创新被视为是一种趋势，有志于提升创新水平的公司应高度重视。而实际上,"最佳创新企业"早已这样做了。

卡普施集团是奥地利先进的技术企业,在全世界拥有5,000多名雇员,公司CEO是乔治·卡普施(他同时担任Kapsch TrafficCom的CEO)。公司起家于1892年,当时只生产电话,现在已经发展成为世界领先的电信和公路信息技术的系统供应商。卡普施集团是私人企业,为乔治和其胞弟卡里共同拥有,后者也是公司首席运营官(COO)。尽管在稳步发展,卡普施集团仍然面临着保持行业领先竞争优势的挑战。

"困境在于,"乔治·卡普施说,"如何建立某种形式的组织二元性。"即一方面集中精力于公司目前的核心业务,另一方面潜心研究未来的业务可能。在卡普施解决组织二元性问题的途径中,其中一条是与合作伙伴进行合作创新。如若访问卡普施公司的网站,你会首先注意到公司大约150家合作伙伴的列表。

"从公司外部获得智力支援非常重要。"他说,"为了验证创意是否切实可行,我们需要听取不同利益相关人甚至是来自其他市场人士的看法。最佳创意产生于合作之中。"

人才网络

来自组织外部各式各样的合作是"最佳创新企业"的共同之处。比起那些落选企业,最佳创新企业奖得主往往能够从组织外部获得更多的商业成功。

目前,"最佳创新企业"在开放式创新大潮中都处于前沿地位。开放式创新正在迅速地成为普遍现象,很快就会淡出热点话题范围。原因多重,最重要的一点是,无论是个人生活方面还是工作环境,我们都习惯于生活在网络世界中。我们对世界的关联性习以为常,而对它的缺失则会提出质疑。

这种文化现象源自无处不在伴随我们的数字工具。这些工具给我们带来的网络世界跨越了空间距离、组织范围和不同思维模式的界限。正是这些工具,使得大批的"智慧人士"能够脱离传统组织独立地工作。但传统组织依然希望有识之士们能够加入它们的轨道。

开放式创新正在成为普遍的创新模式,其根本原因是它的有效性。它可以从创新组合的一端到另一端均创造价值。利用网络的联合力量,各个创新度量值都能得到提高。

各类合作都是在存在利益关系的时候形成的。换个角度说,企业从外部获得自己所缺失的能力。为了提升创新的总体有效性和效率,企业要汇聚各方的智慧。

基于其搜索字段,企业对某个产品会形成初步构想。在产品开发组合中引入合作伙伴,会给产品设计带来不同的视角——解决性能和功能问题存在不同的方式,每种方式的成本各不相同,每种方式都需要不同的路线图,或许会用到已有的解决方案。这样,产品开发人员就不会过早锁定某个单一途径,从而降低研发预算和创新成本。产品投放市场所需时间会显著缩短;而由于倾听了外界的观点,成功率也会提高。

开放式创新网络可以包括一个或者几个合作伙伴。从理论上说,竞争者完全可以成为开放式创新的合作伙伴。法国国家铁路公司的芭芭拉·达利巴德从1982年开始就职于法国电信公司,她指出,在建设大型电信项目时,竞争者之间所谓的"合作—竞争"关系并不少见。而法国国家铁路公司与德国联邦铁路公司合作建设高铁就是铁路行业"合作—竞争"的典型案例。[20]

这类合作有可能为所有参与者带来利益,因为它能够创造机会让大家共同分享价值,而这种价值却不能通过简单的交易或者交换获得。2014年,世界经济论坛(WEF)与科尔尼管理咨询公司在欧洲共同发起了名为"培养创新驱动型创业者"的活动。其中包括涉及60多个结构性访谈的广泛研究,8个高层研讨会,还有对1,100多位企业家及专家的调查。调查结果表明，年轻公司与业界颇有地位的老公司相互合作，共同开发新的创意，并将其投放市场，能够创造较高的市场价值。这种合作能够为创业者带来更多的金融资产和网络渠道，遗憾的是却未得到充分利用。即便对于大公司，这种合作也颇具价值，因为这可以让它们有机会参与到创新活动中来。

世界经济论坛欧洲部的主任尼古拉斯·戴维斯（Nicholas Davis）认为，推行这种创新能够显著改善欧洲和全世界的创新生态系统。"尽管新建企业与老企业之间的合作能够带来巨大的潜在利益，被普遍视为有益做法，却经常因为缺乏透明度、缺乏对机会的洞察把握、合作文化淡薄、合作交易成本等问题受到阻碍。"他说，"如果创业者和市场现有公司间有着明确的战略，发展合作文化，尽其所能去发现、吸引、协商并践行合作关系，问题就会得到解决。"

"最佳创新企业"最常见的合作对象是顾客、供应商和大学。合作对象还可以是任何市场参与者，只要其与现有合作伙伴有任何利益联系，能够提供它们所需要的价值，或者需要从它们那里获取价值。

例如，3M公司就采用多种渠道创造价值，它会充分利用企业各方面的优势，例如技术、生产工艺、全球化业务及3M的自身品牌。构建公司的技术组合首先依赖于自身研发投资，并通过企业并购以及与新企业的合作，从外部获得技术补给。

"我们寻找能够受益于3M公司经验知识的企业，我们的研发、生产以及为全球顾客提供问题解决方案的经验可能会给它们带来新的活力。"3M公司业务开发部的高级副总裁乔恩·林德库格（Jon Lindekugel）说，"我们还在寻找那些高效、有活力的领导者所领导的企业。与它们构建合作关系并产生协同效应，能够给企业带来真正的价值。"

LINET是另外一个例子。这家捷克高端医护用床生产商非常感兴趣与学生进行合作。"他们的优势，"公司CEO托马斯·科拉尔说，"是在其思考时不会受到运营盲点或自动审查的约束。他们的想法并不总能百分之百说得通,但评估之后,其中某个关键特性可能会开启一条全面创新之路。"

医疗技术公司凯杰公司在为其研发人员搭建平台时遵循着同样的目标。公司定期为大学学者举办研讨会,让他们展示自己的最新成果。所有与会人员都能够从中受益,而凯杰则得以把握新思想、新潮流。

在下一章"提高创新的效率和速度"中,我们将深度研究与供应商的合作关系。如果管理得当,供应商伙伴关系与顾客合作相结合,能够成为开放式创新的最有效环节。但在开放式创新中,处理与供应商或其他合作伙伴之间的关系时,也要当心不能热情过度而不加控制。比如说,有可能出现网络攻击、联合品牌、专利诉讼和产品责任等问题。但这些已知风险是可以管控的。[21]

任何成功的合作,首先都要明确合作伙伴将以何种方式支持企业的商业战略。合作的目的,不仅仅是降低成本。对于合作的任何一方,其首要任务都是弄清楚自己要从合作中获得什么。所有合作伙伴都应清楚合作模式,知道最优合作的标准——目标、责任、组织结构、对接、流程一体化等。在发展共同能力时对长期投资要有共识,例如为了支持合作而对人员进行配给。

提高创意转化率

在衡量创新组合成功与否时,关键指标是转化率。转化率指的是对其做实质性投资并研发的创意数量与最后投放市场的产品与服务的数量之比。转化率低意味着公司在太多无用的事情上浪费了时间和金钱。转化率高意味着公司在漏斗管理方面的高效。效率本身

> "创新过程不是静止的。如果有必要,随时可以进行调整。"
> ——卢森宝亚公司首席技术官戈特弗里德·布鲁诺尔

并不能确保市场成功。创新投资是否能获得收益还需看产品的市场表现。

"我们的长处在于收集创意的能力——还有做出正确选择的能力。"LINET公司CEO托马斯·科拉尔说,"换句话说,就是能够正确决定哪些创意应作为重点进行开发,哪些需要延后考虑,哪些应该完全放弃。"

转化率并不能衡量新产品进入市场后是否会获得成功。这个数字只说明了有多少创意能够一路走下来,通过创新漏斗直到最后成为产品现实。因为任何企业的资源都是有限的,创新主管们需要建立适当的选择标准,在走出每一步之前都要问一些恰当的问题,该潜在创新到底会给公司带来什么贡献?任何创意在漏斗中继续通行之前,都需要证明自己存在的权利。

经过一系列的门径管理,创新组合不断发展,创意也变得越来越具体。每套门径管理的目标都是对组合进行提纯,使其具有更加现实可测的潜力。衡量创新潜能的标准如下:

- 最终产品或服务的未来市场的吸引力如何?
- 产品或服务能够创造什么新的顾客价值?
- 最终产品或服务可能的竞争地位如何?
- 该创意可能的经济效益如何?
- 为了将最终产品或服务投放市场还需要什么样的努力?

"从创意到产品的过程需要进行门径管理。"奥地利消防及国防设备生产巨头卢森宝亚公司的CTO戈特弗里德·布鲁诺尔如是说,"我们有结构性流程对新创意进行分类。首先是实用性分类:这个创意对我们来说是否全新?是否是突破性创新?"如果对这些问题的答案是肯定的,卢森宝亚将会设置下一个系列的门径,检测该创意的商业适用性——市场兴趣、专利调查、SWOT 分析（优势、劣势、机会和威胁）、预期投放市场的时间等等。企业在创新组合前行的每一步都会对商业适用性进行检测。

> "要想在主要市场获得一席之地，我们有两个选择：获得现有市场份额和开发新产品。为了确保成功，必须开发新产品。"
> ——德国汉高公司执行副总裁布鲁诺·皮亚琴察

"门径管理过程中的所有决策都会记录在创意数据库中，"布鲁诺尔说，"以保证流程决策的透明度。"此外，他还会跟踪创新管理活动和生产率的关键业绩指标（我们将会在下一章具体论述）。例如，某创意达到开发过程中的某个状态需要多长时间？成为产品现实又需要多长时间？

"所有这些因素都会包含在关键业绩指标矩阵中，"布鲁诺尔说，"在企业内部，我们借助这些关键业绩指标辅助具体目标的实现，尽可能缩短产品的研发时间。这可以帮助我们检测每一步中出现的问题，以正确采取下一步骤。创新过程不是静止的。如果有必要，随时可以进行调整。"

正如卢森宝亚公司一样，德国专用化学用品公司赢创工业集团（Evonik Industries AG）由于其顾客关系的多重性，在发展创新价值时同样需要具有适应性——用乔治·卡普施的话来说，就是具有二元性。

从某种意义上说，德国赢创工业集团是非常好的教科书案例，它告诉我们如何利用搜索字段对创新组合进行最优化。

"作为创新战略的框架，"公司 CEO 英凯师（Klaus Engel）说，"需要对搜索字段和能力组合进行规划，以适应我们计划中的增长目标。不幸的是，人们往往会创建文件，将其归档，最后却忘记应用以创造真正的价值。"

像赢创工业集团这样的专用品生产商几乎都拥有全套的创新项目链。每年赢创集团都会审查业务部门及战略研究部门 Creavis 提供的 500 多个创意，后者是专门为研究潜在重大创新而设立的部门。这些创意在范围、时间期限和投入上各不相同。例如，汽车行业客户所期待的新材料需要经过长期的测试过程。但对于生活消费品而言，顾客希望能够很快地跟上潮流，他们没有时间等待长期广泛的测试。赢创没有时间对此左右为难，进退维谷，它用足够的灵活性管理其创新战略，既能够适应长期复杂的项目，也能够适应小规模一蹴而就的项目。

为了应对这种复杂性，赢创集团开发了一套整合的组合管理程序，称之为I2P（从创意到利润）。该程序将来自搜索字段和能力组合的数据纳入到数据库中，在产品的整个生命周期内对产品进行指导。它会在清单列表的协助下，将创意和咨询最后转化成产品和服务，还有相应的工具可以做刚性排名和组合分析。其他一些特色，例如系统生成的项目报告和介绍，减少了书面工作，提高了转化率。

汉高公司洗涤及家用护理部也给其组合管理工具起了个名字——InnoGate，用于优化汉高的创新组合。执行副总裁布鲁诺·皮亚琴察说，InnoGate遵循了"概念定义、发展和证实的经典门径管理体系"。以消费者需求为基础，进行早期筛选的概念生成阶段是整个管理体系的开端。

汉高公司在组合优化方面做得非常出色。公司坚持开展各种长、短期活动，在组织内外培养创新文化，在全世界范围内开展创新挑战、竞赛和奖励。公司特别强调开放式创新，致力于系统化地跨行业创新，改进产品开发和营销策略，为顾客带来更多的产品类别。

"要想在主要市场获得一席之地，我们有两个选择：获得现有市场份额和开发新产品。为了确保成功，必须开发新产品。"执行副总裁布鲁诺·皮亚琴察说，"这就需要将产品赋予创新元素，这样顾客才愿意购买更多的产品或者出更高的价格。"

2003年，汉高公司推出了其第一款液体马桶清洁剂Duo-Active。产品大获成功，很快占有了此产品类别年销售额30%以上的市场份额。[22]到2007年，Duo-Active虽仍处在其生命周期的上升轨道，但公司已经开始了下一轮马桶清洁剂的创新工作。

公司的整体目标与洗涤及家用护理部的创新战略是一致的，并且会更大（规模地推动创新）、更好（取悦于消费者）、更快（六个月内推出新产品）。产品构想阶段由来自各领域的精英团队负责，包括市场营销人员、研发部门的技术人员、设计人员，甚至是广告机构。

马桶清洁剂的传统价值是卫生保障。但突破性创新不能只满足市场已知的需求。在产品开发阶段，团队成员探索了卫生间用品的非传统趋势——新的形状和设计。毕竟，卫生间是家庭访客必定涉足的房间。团队认为，马桶清洁剂不仅要满足清洁功能，还要能够提供其他价值。

经过多次尝试，团队最终完成了能够提供四方面价值的产品设计：清洁，清除水垢，去污和清新空气。下一项挑战就是产品投放了。

现在名为 Power Active 的厕所清洁剂是 2010 年中期投放市场的，很快就席卷了 50 多个国家。产品投放活动的战略沟通方案重点强调了其四方面的价值。2011 年，产品售出了 4,700 万份。2012 年，Power Active 售出了 1.2 亿份。在不到两年的时间内，已经成为汉高洗涤及家用护理部成长最快的产品。

Duo-Active 虽然曾大获成功，但在投放市场不到 7 年的时间里，Power Active 就再次投放市场。汉高运用其 InnoGate 系统同时管理着处在生命周期不同阶段——成熟期和导入期——的产品。

根据 2013 年汉高洗涤及家用护理部的报告，进入市场不到三年的产品——例如 Power Active 之类的创新——其销售额占了整个事业部销售额的 45%。事业部希望将此比例增加到 50%。

这种雄心胆略在"最佳创新企业"中很常见。3M 公司的新产品活力指数值在过去 7 年中始终在稳定增长，公司 CEO 英格·图林认为该数值还会继续提高。公司在 2014 年任命为公司效力将近 20 年的阿希什·科翰德伯（Ashish Khandpur）为研发部的新负责人，以落实公司的工作重点：从全世界收集信息以满足不同的需求。科翰德伯在研发和业务方面都很有经验，他不仅是 10 项专利的发明者，还曾就职于业务部及亚洲子公司。

"3M 公司的研发文化是在全球技术领域内的合作共享。"他说，"我们经常彼此借用创意，来解决顾客的问题，并将创新带给全球市场。"

科翰德伯监督建设了 3M 公司在印度的第一个成熟的产品开发实验室。在印度，顾客特别欢迎"节俭并具有破坏性的创新"，3M 公司就相应地采纳了这种思维模式。公司既关注全球大趋势，同时也关注当地和地区趋势中显现的机会。

激进的目标会让组织处在巨大的压力下，考验着创新文化的坚韧度。同时也是对组织工作流程效率的考验，我们将在下一章讨论这个问题。

"最佳创新企业"从不孤军奋战

"最佳创新企业"常常需要管理无数复杂的创意，以获得商业解决方案。当创意沿着创新组合的漏斗颈前行时，对其可行性的期望值也越来越高。（正如前面所述，创新组合是一个漏斗，搜索字段产生的众多可能性经过漏斗颈的筛选，最后形成平衡的创新战略。）但"最佳创新企业"并不是孤军奋战的。

在创新过程的每个节点，"最佳创新企业"都会与他人合作，善于合作是它们的显著特色。"最佳创新企业"在开放式创新活动中一直起着表率作用。它们知道，创新路线图要求自己具有各种能力，但它们的资源有限。因此，它们将精力集中在自己最擅长的领域，而从战略伙伴——大学、顾问公司、供应商甚至是竞争者——那里借用自己所缺少的。"最佳创新企业"从来不相信"这里不可能有发明"之类的鬼话。

正如我们将在第六章"提高创新的利润率"中提到的，"最佳创新企业"特别重视关键业绩指标。关键业绩指标的重要数值之一是转化率，也就是真正得以实现的创新与得到投资的创意之间的比率。高转化率意味着激进的目标得到了回报。但激进的目标也考验了创新者的独创性和灵活度。关于此话题，我们将在下一章"提高创新的效率和速度"中进行讨论。

创新管理是卢森宝亚公司的核心

1866年，约翰·卢森宝亚（Johann Rosenbauer）和当地健身俱乐部的几个朋友共同组建了林茨（Linz）第一支志愿消防小队。作为副业，约翰还销售基本的消防设备。后来，他的儿子康拉德（Konrad）接手了志愿消防小队指挥官和设备销售的双重重任，并把业务拓展到水泵和消防软管的生产领域。20世纪20年代，卢森宝亚开始生产消防车。

到了21世纪的今天，卢森宝亚已经成长为消防设备和国防设备的世界领先生产商。2012年，收入达到6.45亿欧元。其2,400名雇员中，有一半以上工作地点不在本部所在国奥地利。然而，当地志愿消防队的传统仍然是卢森宝亚公司文化的主要特征之一。实际上，公司一直以来的传统就是不仅要把雇员变成好邻居，还要变成公司的顾客。

卢森宝亚的首席技术官戈特弗里德·布鲁诺尔将此传统称为公司的关键优势。"这确保了我们能够获得各种各样的创意和想法，保证了创新过程的高效。"他说，这样公司就能够把顾客纳入到创新过程中来。

卢森宝亚专注于创新的体现之一是其预算。2009年，公司在研发方面的投资为920万欧元。不过当年卢森宝亚获得最佳创新企业组织及文化类大奖的时候，并不是因为它在研发方面的投资，而是因为评委们所称道的"包括所有雇员在内的系统的创新管理"。

2012年，卢森宝亚建立了创新、技术和知识管理部。"将这些方面集合到一个部门进行管理使我们拥有了最佳协同。"布鲁诺尔说。尽管工作是中心化的，但他将该部门称为网络。

卢森宝亚创新管理流程的中心是位于不同地域的团队，它们负责接收、评估新的创意，并考虑是否对其进行开发。

10多年前，卢森宝亚成立了"联系团队"，由五六个人作为核心，整合管理公司的创新、技术和知识，并积极管理公司的创新组合。团队包括一两位全职创新协调员，三四位平时有着固定岗位的兼职雇员。布鲁诺尔说，这种安排确保了团队有宽泛专业知识的支持，并能够对新创意进行迅速反应。

"我们有些产品就是这种管理流程的直接产物，如果没有这样的管理，这些产品就不会诞生。"他说。

众包创新

1795年，法国政府发出悬赏令，对能够解决其部队食品保鲜问题的人进行奖励。15年后，该奖授予了尼古拉斯·阿佩尔（Nicolas Appert），因为他提出了用罐子对食物进行保鲜的方法。其实，我们至今为止用的保鲜法不过是阿佩尔方法的改良版。法国军队就通过众包，开发出了颠覆性的技术。

"众包（outsourcing）"是一个新词，能够产生这种现象的数字工具相对来说也是新事物。该词的发明者是《连线》（Wired）杂志编辑杰夫·豪（Jeff Howe），他在2006年的一篇文章中首次用到这个术语，指的是向所有对某问题感兴趣的人——大众——征集解决方案。[23]

对于资源能力有限的企业家来说，众包是非常有效的渠道。英雄不问出处，即便对于大型组织而言，它们也可以凭借众包获得好点子，并将它纳入到其创新文化中来。

过去的几年中，将众包作为一种开放式创新方式的利用率大大提高。2010年已经完成的众包项目的数量是上一年的五倍。2011年的众包项目数量则是上一年的三倍多。至少目前，北美和欧洲是这种开放式创新的主要实践者，全世界90%以上的众包项目都集中在这两个主要区域。

在今后的几年中，众包将加速发展。大数据技术将使众包无需群众的直接参与。例如，现在已可将上亿条推特内容从丰富而杂乱无章的松散数据，转化为能够为新产品、新服务的搜索字段提供丰富土壤的洞见。这项工作的中心是以机器为工具，运用计算语言学对顾客及创新组合进行情感分析。大数据技术运用得越娴熟，对创新组合的意义就越深远。

众包项目通常都会提供某种形式的奖励，例如奖金。阿佩尔就因为他的发明获得了1.2万法郎。但对于感兴趣的参与者而言，这种智力游戏及其带来的被认可的欢愉则远远超过了奖金给他们带来的快乐。

众包当然也存在诸多风险，其中之一就是互联网上观点庞杂，良莠不齐。为了对这些观点进行整理，近几年来出现了所谓的创新掮客，他们充当了中间人。虽然有人认为这种方法不完美，但已被一些"最佳创新企业"成功应用，包括汉高洗涤及家用护理事业部。

众包的第一步：找到合适的大众。有些类型的问题适合非常开放的网络；有些问题则只能限制在有一定专业知识和背景的人的范围内。

我们有个客户在处理该问题时把"大众"的定义限制为发明家和研究生。经过简单的过滤，公司能快速锁定最有可能性的点子。得分最高的参与者被邀请至公司总部，参加"快速提炼研讨会"。他们与公司负责市场营销、财务和研发的人员一起组成团队，评估创意的可实施性和财务可行性。公司以此获得了一些创新点子,并充分利用这些经验建立了常规流程,以迅速过滤和提炼创意。公司甚至雇了几个研究生。[24]

卡普施集团放眼未来

卡普施集团是奥地利领先的科技公司,拥有遍及世界的5,000多名雇员。公司成立于1892年,当时只生产电话,现在已经成长为道路交通信息技术和电信方面的世界领先系统提供商。该公司目前仍然是私有公司,乔治和卡里兄弟俩分别担任公司的CEO和COO。

一般说来,卡普施集团在新业务上的投资都必须满足三个条件:新业务必须具有全球性,必须基于长期趋势,必须是其他大的竞争对手还没有涉足的利基市场。

近些年来,卡普施感受到了世界经济的波动,尤其体现在政府部门,因为预算紧缩直接导致了项目支出的减少。

"公司可能会因为缺乏创新很快失去竞争力,"乔治·卡普施说,"最主要的创新挑战是要跟上文化的步伐,不能满足于目前的良好现状。"

对于在任管理者来说,这是必须意识到的。

"威胁来自行业外部,而不是内部。"他说,"在任管理者所面临的风险就是发现威胁时已为时太迟,因为组织只关注目前的核心业务——今天虽然尚有利润,但明天可能就没有市场了。"

卡普施很赞同约瑟夫·熊彼特(Joseph Schumpeter)的创造性破坏理论,他指出:"创新不仅仅是做新事情,还意味着对传统产品、服务和公司的涤荡。否则的话,我们就没有资源投资于新的领域。"

第四章 最优化创新组合的价值

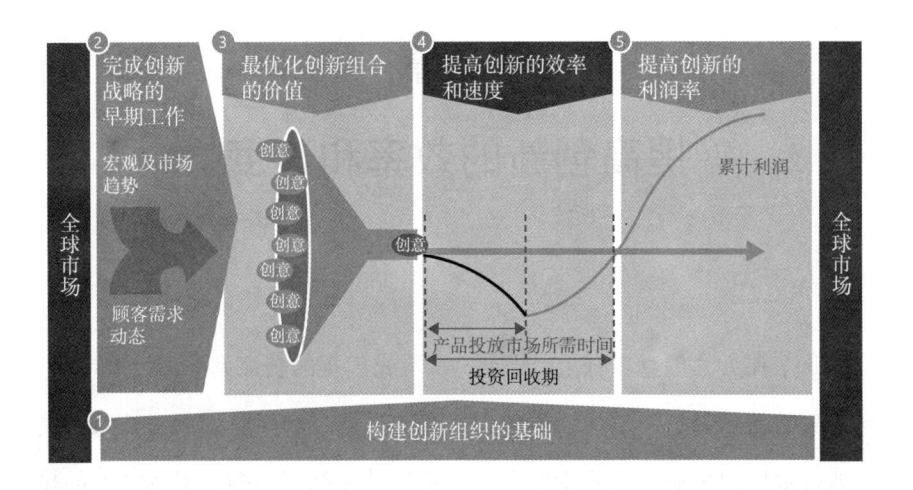

② 完成创新战略的早期工作
- 宏观及市场趋势
- 顾客需求动态

③ 最优化创新组合的价值
- 创意

④ 提高创新的效率和速度
- 产品投放市场所需时间
- 投资回收期

⑤ 提高创新的利润率
- 累计利润

① 构建创新组织的基础

全球市场 ← → 全球市场

第五章

提高创新的效率和速度

每个伟大的创意都有生命周期,从灵光闪现的刹那到产品投放市场,到最后被新的创意所取代。最佳创新企业深知,如果它们无法让某个创新拥有永恒的生命,也至少要有能力延长其赢利期,缩短赢利之前的投入期。投资回收期的长短是一项关键业绩指标,它能让大家拥有共同的目标,鼓励跨职能合作,打破常存在于组织内外的壁垒。本章中,我们将讨论如下问题:

- **缩短投资回收期**。竭尽全力缩短产品赢利之前的投入期。投资回收期是决定性的业绩指标,它意味着:某创意在开始真正赢利并赢得"创新"称号之前需要花费多长时间?
- **全局管理**。阅读创新战略报告时,要尤其注意关键业绩指标。关键业绩指标能够告诉我们组织是否正朝着共同的目标努力,是否与战略规划保持一致。
- **将协同性视为决定性能力**。提倡跨职能合作,减少合作障碍,降低成本,防止独立决策,加速创新的整体流程。
- **尽早与合适的供应商合作**。整合供应商是创新战略的重要要素。战略合作伙伴能够填补能力空白,缩短入市时间,提升产品功效,降低成本。

缩短投资回收期

速度非常重要。一项创新进入市场的速度越快，其生命周期中的赢利时间就越长。捷克共和国的 ČKD 公司就是很好的例子。按照国际标准来说，这家拥有约 2,000 名雇员的工程公司只是中等规模。但 ČKD 公司却把它的规模做成了优势——不仅足够灵活，而且能够使创新快速地投放市场。

"我们需要施加高质量的竞争压力，与竞争对手相比，速度是我们的第一优势。"公司 CEO 简·穆希尔说，"我们很灵活，能够快速做出内部决策，提出产品构想，对其加以证实，最后送达消费者手中。我们的流程从不冗杂，作为一个团队我们能适应市场并迅速做出反应。"

ČKD 的灵活性在其庞大的竞争对手看来是可望而不可即的。公司内的各部门相互协调，共同打造新的业务。公司与供应商携手，向着共同的目标努力。与此同时，和它的顾客保持紧密联系，密切关注他们对新创意的反应。这样就能迅速地把创新带给市场。

然而，这种能力却与规模并无关系。

全局管理

几年之前，我们曾与一家中等规模的高科技公司打过交道。该公司各种不同的商业计划分别由不同的团队管理，每个团队负责不同的产品线。每个团队的业绩以及对每个团队成员的薪金奖励则是由投资回收期决定的。

> "我们需要施加高质量的竞争压力，与竞争对手相比，速度是我们的第一优势。"
> ——ČKD 公司 CEO 简·穆希尔

对于该公司而言，投资回收期是一项严格的标准，决定了高级管理层是否能够放心地将自主权授予这些团队。公司实行严格的自上而下的管理规章，而那些能够最快速地倾听到顾客呼声，离创意距离最近的人享有最大程度的自由。自由能够使快速决策成为现实，而快速决策又缩短了投资回收期。这就是团队衡量成功经常使用的关键业绩指标。

作为一项关键业绩指标值，投资回收期的意思非常清晰：一项创新需要多久才能够开始赚钱？这不等同于投放市场所需要的时间，后者指的是一项创新从创新组合出发，最后到达消费者手中所需要的时间。投放市场所需时间虽然重要，但并不是决定性的关键业绩指标。

当我们调查"最佳创新企业"的投资回收期时，我们发现，与同类公司相比，这些企业在缩短产品投放市场所需时间和投资回收期方面，都更加努力，更加用心。我们是相对某个特定行业的生命周期来计算平均值的。例如，智能手机的生命周期比汽车要短。对于"最佳创新企业"而言，从创新研发到产品投放市场所用的时间占其产品平均生命周期的15%。对于一般公司而言，该数值为23%。更能说明问题的是，"最佳创新企业"的投资回收期占整个产品生命周期的28%，而对于一般公司而言，该数值为39%。

我们发现，在产品投放市场所需时间和投资回收期两个方面，"最佳创新企业"的表现一直优于其业内其他公司（见图5-1）。我们认为这是因为"最佳创新企业"在实现这些关键业绩指标时更加用心、专注。

对于"最佳创新企业"而言，管理关键业绩指标的逻辑非常明显：如果不对业绩进行严格测度，如何解读对创新战略的执行情况？如果不严格遵守战略，关键业绩指标所折射的创新组合的前景必定是模糊的。

捷克智能医护用床生产商LINET公司就掌握了卢森宝亚公司的CTO戈特弗里德·布鲁诺尔所说的"关键业绩指标矩阵"的精髓。LINET公司CEO托马斯·科拉尔对公司产品投放市场和投资回收期的平均时间了熟于心。"在2013财政年度，用于研发的平均时间是15个月。"他说，"从产品投放市场时算起，我们需要39个月的时间才能赢利。核心产品的平均生命周期是7.5年。"

图5-1 "最佳创新企业"利用跨职能关键业绩指标鼓励合作

对关键业绩指标进行定期测量
（占回应的%）

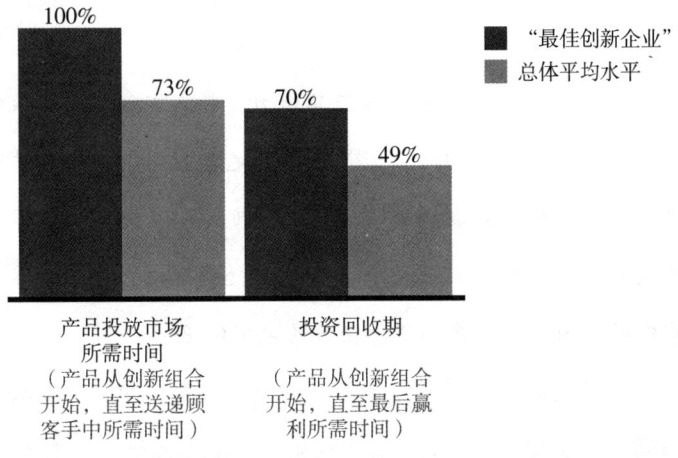

- "最佳创新企业"
- 总体平均水平

产品投放市场所需时间：100% / 73%
（产品从创新组合开始，直至送递顾客手中所需时间）

投资回收期：70% / 49%
（产品从创新组合开始，直至最后赢利所需时间）

数据来源：科尔尼公司的最佳创新企业大赛。

对于LINET公司来说，关键业绩指标不仅仅是对已完成创意的回溯性统计，还能够对进行中的项目进行指导改进。正如托马斯·科拉尔所说，"关键业绩指标使公司对创新项目的规划和监督有着更好的控制，使这些参数能够得到持续改善"。LINET公司计划将其病床的开发周期从22个月缩短至9个月。

家电巨头惠而浦的巴西子公司获得了2010年的最佳创新企业奖，它对关键业绩指标的管理绩效卓著。20年前在开始"创新嵌入路径"之前，公司的销售值平均每年降低2%。而在过去的10年间，该趋势得到了逆转，平均价格总计攀升2%。这种进步的根源在于对新产品和持续创新的密切跟踪测量。

惠而浦公司的创新产品组合占了其拉丁美洲地区产品总销售额的1/4。比起产品组合中的其他类别，该类产品的利润率平均高出2—3倍。

新产品活力指数的诞生

3M公司使用新产品活力指数来衡量其创新组合的表现。作为关键业绩指标，这个指数比产品投放市场所需要的时间更为精确，因为后者需要依赖每个季度汇报上来的业绩数据。对于3M公司而言，新产品活力指数衡量的是在过去5年内，创新产品的销售额占总销售额的百分比。

其他一些公司也采用了新产品活力指数来衡量其创新战略的成功程度。差别在于它们对"新产品"的定义不同。产品延伸可以算作"新"产品吗？到底"新"到什么程度才能算作"新"产品？汉高洗涤及家用护理事业部将过去3年内投放市场的产品销售额占总销售额的比例作为新产品活力指数的数据依据。

"衡量创新的唯一可靠指标是创新产品带来的订单数及所产生的利润。"法雷奥公司的CEO雅克·阿申布瓦说，"我们30%的订单都是新产品带来的，比一般产品的利润率要高。我们也使用其他指标来管理创新，例如专利。申请专利的目的是为了保护创新，增加其价值，并不是为了申请专利而申请。"独立的行业奖项也能显示出公司的创新度。例如在过去的3年中法雷奥公司就曾经四次获得《汽车新闻》（Automotive News）杂志的汽车供应商杰出贡献奖（即PACE奖）：2014年因其后视保护系统获奖；2013年因其进气模块两次获奖，其中包括与原始设备制造商大众公司合作的最佳创新合作伙伴奖；2012年因其出水雨刮系统获奖。

无论公司选择何种时间框架，新产品活力指数之类的衡量指标的优点在于，它们能够利用硬数据清楚地表明创新组合的进程。

> "任何做好准备进入市场的产品，都是价值链中的合作伙伴成功协力的结果。"
> ——凯杰公司CEO夏沛然

在惠而浦公司，任何点子若想被视为创新而启动调查研究必须经过三关：它对惠而浦的顾客是否具有吸引力？是否与惠而浦的品牌相协调？能否为惠而浦的股东创造持久的价值？这三个测试过关后，工作才能具体开展起来，而这些具体工作将由关键业绩指标来衡量。

惠而浦对于创新进程有三个关键的度量，每个都与创新组合的进展直接相关：

iFunnel（i漏斗）衡量的是现有活跃项目的大致稳定收入。它能够监测创意产生及开发的早期阶段的进展情况。

iPipe（i管道）是指稳定的收入。与产品及解决方案的开发直接相关。

iRevenue（i收入）是投放市场的产品及解决方案的真正收入。

在惠而浦公司，关键业绩指标的数据每个月都会清晰地列在创新控制表中，关键业绩指标数据的总值、按地区分类的数值以及按主要产品类别分类的数据一目了然。控制表会为创新进程把脉，设定里程碑，使组织以事实为依据，从各个不同维度出发对创新投资做出决策。

由于其核心业务家电市场的饱和与成熟，惠而浦公司的严谨态度必不可少。在这样的情况下，开发新产品总是很困难的。因此如果仔细观察惠而浦公司的创新组合，你会发现其很多成功创意要么拓展了公司的核心业务，要么超越了其核心业务。

"最佳创新企业"钟情于关键业绩指标是因为其有效性。关键业绩指标能够使公司按照创新战略的既定轨道发展，清晰地展示整个组织是否在朝着共同的目标努力。

将协同性视为决定性能力

关键业绩指标能够提高组织的协同性，这是我们从系统工程学中借用的术语。它指的是系统中不同元素相互作用的程度。协同的系统中的各个元素为了支持整体目标互相合作，并且在需要的时候将自身资源借用给其他元素。协同的创新体系会共享知识，甚至会共享预算和时间；

最重要的是，能共享组织中的人才，以支持新的业务发展。

科尔尼公司对协同性的定义中就强调了这种越界共享性。协同是使创新组织黏合在一起的胶水。像凯杰公司的 CEO 夏沛然所言，"在公司内部，我们将所有的组织单位和流程与创新联系起来，任何做好准备进入市场的产品，都是价值链中的合作伙伴成功协力的结果。"

请从两个维度衡量一个组织：职能部门的业务能力和跨职能合作。在 21 世纪的今天，职能部门的业务能力通常很强，尤其在大型组织里。现代企业在管理采购、生产、工程、销售、市场营销和售后支持方面通常表现卓越。它们有各种各样优秀的业务模式和经验可供效仿及借鉴，有很多描述清晰的样本可供学习。

> "若要发现潜在需求和新产品，需要对价值链的每一环节进行全面整体的创新管理。"
> ——塔塔汽车集团前任副总裁拉维·康特

然而，跨职能合作的能力就是另外一回事了。跨职能合作是一种决定性的能力，与管理个别职能部门所涉及的专业知识相比，关于跨职能合作即协同能力的文献，就少得多。

我们曾与一家公司合作过，该公司虽然有着顶级产品、出色的品牌和世界级的销售管理，但由于分拆了产品线，在客户服务上开始出现严重的问题。在公司内部，如何进行有效的跨职能合作的问题甚至很少得到讨论。但在"最佳创新企业"里，跨职能合作团队的例子比比皆是。在这样的情况下，团队的创新不会被视为研发、设计或营销等个别部门的功劳，而是整个网络合作的成就。

有些公司在组织跨职能合作时非常认真，例如可口可乐公司。

"在过去的几年中，我们一直在全世界搭建主题专家的多重平台。"可口可乐公司首席技术官盖伊·沃拉特说，"我们创建了一个应用程序，使这些网络具有直观性。只要按下一个按钮，就会看见我们的全球工程网络，包括其所有的信息。"例如，在日本可能会设置网络的节点。可口可乐公司的应用程序会将所有的经理、专家和部门领导的名字及数量列出来。沃拉特说:"这种做法的好处是你不必认识所有的人。从迈出的第一步开始,一切都很透明。正因为如此,系统中的每个人都能够使用网络。"他认为,绝对不能忽视的是"创新必须加速。在这里,技术就应该发挥作用,就需要用到内部网络。如果不依赖于此,就会陷入停顿当中"。

与此类似,德国餐厅设备制造商乐信公司就雇佣了300多位大厨参与销售、研发和顾客咨询。他们还与公司的工程师密切合作,参与到产品开发中来。这种合作就是法雷奥的CEO雅克·阿申布瓦所指的公司内部的"专家网络"。网络成员不仅需要持续开发自身的能力,而且需要将其知识传递到组织的其他角落。为了保持网络的活力,网络成员必须定期重新加以确认。"对于我们的工程师而言,这是一个重要的认可步骤。"阿申布瓦说。

当衡量这种跨职能合作的生产力时,最好从难以度量的因素开始,也就是"最佳创新企业"常常擅长的"软"文化,例如对未来的清晰洞察,以及持续关注为达到目标所需要不断付出的努力。它们的环境鼓励信息分享,培养合作精神,能够给予人才施展才华的空间,并能激发高级团队的真正热情。

关键业绩指标使协同性有了更具体的度量。在我们最近接触的一个案例中,某团队网络的业绩是由投资回收期衡量的,这就是用关键业绩指标来衡量跨职能部门的能力。(在此案例中,团队奖金进一步衡量了高级管理层对于协同能力的认真态度——这是对跨职能团队合作的又一刺激。)

塔塔汽车集团的前任副总裁拉维·康特说:"若要发现潜在需求和新产品,需要对价值链的每一环节进行全面整体的创新管理。"

康特指的是塔塔公司的轻型卡车Ace,它就是塔塔跨职能团队合作的产物,在 2005 年作为一种新型交通工具成功地投放市场。团队工作的第一步就是在印度的农村和城市展开广泛调查,采访了 4,000 多位三轮车和卡车司机。在印度,"自动黄包车"随处可见。团队发现,市场急切渴望一种省油、安全、经济并能提高身份地位的轻型卡车。

从一开始,塔塔的产品开发原则就是高速创新和尽快赢利。牵头团队有五名全职员工,并拥有塔塔内部 400 余名专家的支持,由高级领导层进行"日常监督"。团队采取了"目标成本"的做法,致力于将此新产品定价在 2,000 美元出头。生产要素成本必须支持该目标,因此只有在塔塔公司所有部门的合作下才能达到。

两气缸的 Ace 投放市场的几个月内,塔塔公司的生产能力从每年 3 万台翻番增加到 6 万台,并在潘特纳加(Pantnagar)设立了一家新工厂,年产量达到 25 万台。塔塔在印度汽车行业创造了一个新的细分市场,并吸引了竞争者参与到市场中来。更具持久影响力的是,从 Ace 项目中获得的经验使得塔塔其他的创新项目更具严密性。

"Ace 是我们创新管理中的重大突破。"康特说,"Ace 项目中所引入的流程和结构性改进从此以后在公司形成了制度化,包括市场研究、顾客需求评估、五步的门径管理体系等。"现在塔塔对其创新组合中创意的评估会着重考虑市场机会分析、产品概念、商业企划和所需的投资。

与此同时,跨职能团队已经成为塔塔创新活动的常态。团队在产品开发、质量和成本方面有着清晰的目标,从各方面努力来缩短产品进入市场所需的时间和投资回收期。

尽早与合适的供应商合作

在 Ace 卡车开发之前,塔塔汽车的创新特色是纵向整合。在过去的 5—10 年中,塔塔所纳入制度化的一些流程中包括更加开放的外部合作,尤其是与其供应商的合作。

第五章 提高创新的效率和速度

供应商创新是高级管理者的热门话题。[25]高成长性的公司知道它们不能单打独斗,至少不能长时间地孤身作战。要想解决公司的远大目标和能力匮乏之间的矛盾,就需要从供应商那里借用组织所需要的能力。比起内部开发,这种借来的能力可能更符合指定的技术曲线。

供应商可以帮助企业缓解研发方面较大的成本压力,因为研发的开销增长速度往往大于销售额的增长速度。这就意味着可以缩短投资回收期。然而"最佳创新企业"知道,与供应商合作不仅仅意味着开销外包(见图5-2)。

图5-2 "最佳创新企业"与供应商及早进行合作,不仅仅是为了降低成本

让供应商及早介入的主要原因(占回应的%[1])

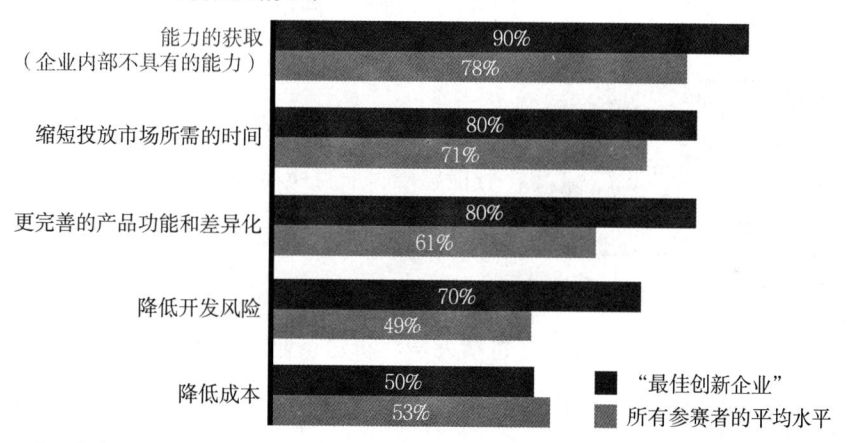

原因	"最佳创新企业"	所有参赛者的平均水平
能力的获取(企业内部不具有的能力)	90%	78%
缩短投放市场所需的时间	80%	71%
更完善的产品功能和差异化	80%	61%
降低开发风险	70%	49%
降低成本	50%	53%

[1] 有可能存在多项选择。
数据来源:科尼尔公司2012年最佳创新企业大赛。

供应商集成已经成为"最佳创新企业"商业战略的鲜明特色。("最佳创新企业"认为,无止境的商业模式创新是企业的自然状态。)例如,法雷奥公司开发了"五轴方法",竭力改善公司各个方面的运营效果。所谓的"五轴"是指持续创新、全面质量、生产体系、人事参与和供应商集成。作为世界汽车行业的战略供应商,法雷奥深知供应商在将创新利润最大化方面的关键作用。

对于创新文化,"五轴"既体现了关键业绩指标矩阵,也体现了流程图和工作手册的部分内容。在这个方法中,跨职能合作是必然的。正是通过这种开放性的延伸,法雷奥开发了积极有效的供应商集成方式。

作为一个组织,法雷奥称得上是跨职能项目团队的集合体,同时开发着不同的产品和流程。减少生产复杂性和降低成本是这些团队的要务。与供应商合作关系的必要性在这里就体现了出来。法雷奥期望与供应商在"持续创新轴"上达成真诚的合作。供应商与法雷奥的项目团队并肩合作开发生产计划,改进产品质量,合作开发关键技术。

已经与法雷奥达成密切合作关系的供应商是一支精英团队,公司与之保持着互惠互利的长期合作关系。它们是法雷奥的集成合作伙伴,"是世界上最好的合作对象",公司 CEO 雅克·阿申布瓦说。

> "我们的创新流程能够确保获得所需的智慧。"
> ——法雷奥公司 CEO 雅克·阿申布瓦

"在汽车行业,开放式创新已经变得越来越重要。"他说,"而我们的创新流程能够确保获得所需的智慧。"

在创意产生的过程中,开放式创新会涉及方方面面的合作者,而不仅是供应商。法雷奥已经与各类合作对象建立起了成功的伙伴关系,包括大学、新建企业(例如企业在开发一款超级充电器时的合作伙伴),以及大型企业〔例如与法国赛峰(SAFRAN)集团合作开发汽车、军用车辆和飞机的自动驾驶技术〕。

然而,将优质供应商整合到创新流程中来则是另外一种合作。战略供应商是持续伙伴关系的一部分,可以填补技术空白,缩短产品投放市场所需要的时间,提升产品性能,降低成本。如果组织文化允许,供应商合作伙伴能够为创新战略提供信息,协助组织做出清晰的决策,决定哪些要素应该处于其战略核心内或者核心外。

惠而浦巴西子公司家电部 CEO 恩里科·齐托(Enrico Zito)指出,"完全在公司内部全程完成一项产品的研发变得越来越难,这是不可逆转的趋势"。他说，为了适应越来越短的产品生命周期和尽快投放市场的要求，惠而浦努力把供应商"拉下水"，使其参与到创新流程中来。公司的新型烤箱就是一个很好的例子，它的设计就依赖了战略供应商开发的传感器和电阻器。

我们来看可口可乐公司与供应商关系的演化过程。用公司 CTO 盖伊·沃拉特的话说，可口可乐历史上"更像是个系统而非企业"。自从19世纪 80 年代公司成立以来，可口可乐就一直与全世界战略供应商和瓶装公司构成的网络保持密切的合作关系。

可口可乐成为价值 470 亿美元的世界品牌之路"更依赖于创新而非并购"，沃拉特说。大多数的创新都是渐进式的。可口可乐的营销创新繁多，包括 20 世纪早期首先引入了优惠券。公司还对其核心品牌进行积极的尝试，例如对包装设计做一些改动，并在 20 世纪 70 年代引入了无糖可乐等。

可口可乐公司还在其软饮料核心业务之外不断尝试破坏性创新。沃拉特指出，尽管在公司的创新组合中，破坏性创新所得到的关注不及渐进式创新（后者常常会得到营销部门的强劲支持），但当前者真的发生时，往往会引发阶跃变化，带来高价值。

> "完全在公司内部全程完成一项产品的研发变得越来越难，这是不可逆转的趋势。"
> ——惠而浦巴西子公司家电部 CEO 恩里科·齐托

例如在 20 世纪 90 年代，可口可乐首先引入了带果肉的瓶装果汁，这一创举在仅仅几年的时间里就带来了数十亿美元的销售额。2005 年，公司引入面向男士的低卡路里饮料零度可乐，同样在几年的时间里为公司带来了几十亿美元的收入。2010 年，可口可乐公司引入了"自由式机器"，这是一种触摸屏式的冷饮柜，用户可以按照口味菜单个性化调制出 100 多种可口可乐饮料。

"自由式机器"是可口可乐公司与其传统网络之外的供应商合作开

发的。机器的橱柜是由意大利宾尼法瑞那（Pininfarina）公司设计的，而该公司长期以来的客户却是像法拉利这样的汽车企业。该机器的核心技术PurePour系统则是一种微配药技术的改良——以前是用来为癌症病人做精确药剂配置的。[26]

"以往，我们主要是'内部'创新。"沃拉特说，"我们有各种各样的合作伙伴——供应商、顾客、瓶装厂家等，我们确实是内部解决问题。这是我们的生态系统。但自从尝试与以前从未打过交道的合作伙伴接触以来，我们发现了机会——新的框架、新的商业模式、处理IT的新路径、支付奖励的新方式。这需要新的生态系统。"可口可乐公司甚至给这种新的生态系统起了一个名字——全球技术工程共同体，这是一个将不同业务部门所需要的人才联系起来的平台。

沃拉特希望"自由式"不仅为软饮料业务带来破坏性创新，而且能够服务于整个公司，首先从装瓶系统开始。

然而，正如开放式创新一样，很多公司会谈论供应商集成，但并不知道怎样对其进行管理。与外界形成亲密的关系会很自然产生矛盾问题，这是部分原因。正如一位开放式创新的著名践行者，也是我们的最佳创新企业奖得主谨慎所言，"原则上说，集成供应商的开放式创新很关键。但一级供应商同时服务于其他的竞争对手，因此很难长期依赖于出自这种创新流程的竞争优势"。

当然，很多公司在考虑与供应商形成全面伙伴关系时，最担心的问题之一就是知识产权的泄露。不过还有其他一些担忧，例如，外界合作伙伴能否与组织的长期创新路径图协调一致，若选择了不合适的供应商作为其战略伙伴会为企业带来风险等。

对于"最佳创新企业"来说，应对这些担忧（并构建长期的供应商合作关系）的第一步，是在产品生命周期的初始，即创新漏斗的宽嘴位置，就让采购部门参与进来（见图5-3）。

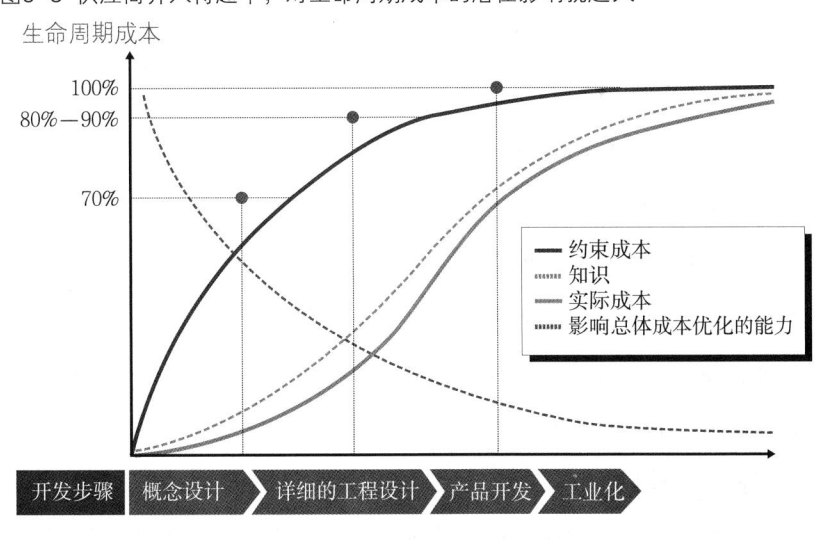

图5-3 供应商介入得越早，对生命周期成本的潜在影响就越大

生命周期成本

- 约束成本
- 知识
- 实际成本
- 影响总体成本优化的能力

开发步骤 → 概念设计 → 详细的工程设计 → 产品开发 → 工业化

数据来源：科尔尼公司最佳创新企业大赛。

这里出现的问题是，有些公司的采购部门缺乏对于销售或者工程问题的影响力。采购部门的主要职责被视为用较低的价格采购到材料，而无其他。产品开发的驱动力往往来自工程部门。正因为如此，它会经常明确地说明对产品的要求，这就意味着会选择与工程师有长期合作关系的供应商，但被选择对象也许并不是最佳战略合作伙伴。因此，在讨论与供应商的合作关系的过程中，采购部门介入得太晚了。这对于创新流程来说是个损失。

2011年，科尔尼公司调查了32个行业185家公司的采购供应链主管，了解他们对"最佳"采购的理解。调查发现，行业领先企业比起同行业其他企业，会更经常地利用供应商关系管理流程。90%的受访对象认为本企业在发展和执行商业战略时强化了采购部门的角色。3/4的受访者认为与供应商的合作会促进创新，因为将供应商纳入到产品开发过程中来，能够减少新产品投放市场所需要的时间，并创造商业机会。此外，比起同行业其他企业，行业领先者会更加频繁地利用采购部门的介入增加所购商品的总价值，构建不同事业部门之间的协同，提高营运资金效率。[27]

"最佳创新企业"正在改变它们对采购部门的角色定位，从"计算开销"到"提高利润"。比起其他部门，采购部门拥有或者应该拥有对供应商最翔实的了解。例如，在创新开发阶段，采购部门可以对供应商进行"扫描"，让组织的视角超越其已知的供应商库。正如可口可乐公司在开发"自由式机器"时的发现，行业外的供应商往往会对产品工程提供新的视角，或是对产品功能，或是对产品配方提供不同的洞察、观点。例如惠而浦公司，它投巨资用于与供应商建立合作伙伴关系，而这些供应商则被认为是在材料应用方面的潮流领先者，常与不同行业保持联系。

我们已经探讨过供应商创新管理测评与顾客采购部门之间的合作机会。基于 IMP^{3}rove（"提高创新管理业绩并产生持续影响力"的简称）测评的结构性研讨结果对于战略供应商和顾客采购部门双方都很有启发。这是供应商首次有机会与顾客讨论创新相关话题，同时得以了解其创新管理能力。顾客采购部门也是第一次了解供应商参与的创新管理系统，以及它们为长期困扰顾客的问题提供解决方案的能力。

"最佳创新企业"时刻关注关键业绩指标，而最重要的关键业绩指标就是投资回收期。创新进入市场并赢回投资所需要的时间越短，其生命周期中的赢利时间就越长。

对投资回收期的关注明确了"最佳创新企业"需要做出的其他选择。比如说，这使经理们敢于将自主权和决策权下放。快速决策能够最大程度地缩短投资回收期，这里有直接的因果关系。

对于"最佳创新企业"而言，用关键业绩指标进行管理的逻辑很明显：如果不对创新组合的效果加以衡量，怎样才能知道其战略是否正确？从这一意义上讲，关键业绩指标不是回溯性指标，而是用来改进企业运营效果的前瞻性指标，是整个组织都理解并认同的衡量成功的标准。例如，关键业绩指标可以对跨职能合作进行绩效测量，它关注的是结果，而不是哪个部门在成功的创新中功劳最大。

"最佳创新企业"知道合作能力是决定性能力。它们的组织所创造的环境能够让金子发光,能够让大家充满热情向着共同的目标努力。它们所倡导的组织氛围能够鼓励并培养外部合作,尤其是能够对创新的方方面面起到促进作用的战略供应商合作。

"最佳创新企业"知道它们不能单打独斗。要填补其雄心壮志和所缺失的能力之间的空白,外界合作伙伴尤其是供应商起到了至关重要的作用。目标依旧不变——最短的投资回收期。

你了解什么?

知识是创新的源泉。分享知识是一种创新能力。在产品生命周期的末尾,知识分享将成为跨职能团队创造价值的源泉。用 SNCF Voyages(法国国家铁路公司长途及高速铁路客运服务部)的芭芭拉·达利巴德的话来说,"知识分享让我们忙个不停"。

知识管理是 20 世纪 90 年代出现的时尚术语。从那时起,很多组织对于这一术语持怀疑态度,它们花了很多金钱构建知识管理体系,却无法精确地说出其投资到底产生了什么效果。

20 年前,《哈佛商业评论》刊登了一篇有先见之明的文章,作者是这一学科的早期倡导者汤姆·达文波特(Tom Davenport)。他预见了人们对知识管理最终失望的根源:

信息技术对管理者们会产生两极化的效果:它或者让人眼花缭乱,或者让人惊恐担忧。那些害怕的人会躲避,而那些为此心神向往的 IT 部门却往往成为自我迷恋的囚徒。它们建设复杂的技术架构和企业信息模型来指导系统开发。笃信于此的高级管理者将技术视为业务改变的关键催化剂。但这种技术专家提出的解决方案往往只重视一些细枝末节的问题,而无视组织成员如何切实解决采购、分享和利用信息的问题。[28]

凯杰公司在其跨职能团队中进行知识分享时，运用了达文波特所谓的"人性维度"。公司CEO夏沛然说，凯杰公司将学习和工作积极地联系起来。为了与日益扩大的知识库（无论是公司内部还是整个世界）保持同步，凯杰公司建立了在线图书馆，以确保组织知识库发展的透明度。每个员工都可以了解到目前已有的研究结果和解决方案。

"同其他公司一样，我们的组织外存在着外部行业动态。"夏沛然说，"这一定要在我们组织内部的活动中反映出来，尤其是速度。将对整体环境的考虑纳入到创新流程中，使创意的开发有了新的推动力。"

LINET非常重视其"知识产权保护部"努力捕捉外部动态的能力。该部门被视为LINET创新活动的中心环节。它的任务是密切关注竞争对手的活动，并确认是否有可能在不侵犯竞争对手知识产权的前提下达到同样的效果。在大约1/3的时间里，部门都在利用这种方式开发新产品项目。部门还会定期为组织提供最新技术汇报，并评估LINET自身的创新计划，防止现实或未来的解决方案冗余的风险。对于每种创新计划的价值，还要从CEO托马斯·科拉尔所说的"可申请专利性"的角度进行衡量。

奥地利消防设备生产商卢森宝亚公司用"创新、技术和知识部"将其人才集合起来。

"将各方面的人才集合在一个部门能够产生最佳协同效应，"公司CTO戈特弗里德·布鲁诺尔说，"这样在整个创新过程中会调动尽可能多的员工参与进来，并提供根本性的支持。"

持续创新者法雷奥公司

创新已经深植于法雷奥公司的文化中。除了全面质量、供应商集成、生产系统、人员参与之外，持续创新是公司"五轴"方法中的重要一环。这五方面囊括了企业运作的各个方面，致力于企业的卓越发展。

2007 年，法雷奥公司因为其成功的方法和流程管理而被授予法国的最佳创新企业奖。该公司是世界领先的汽车供应商之一，销售额达到 212 亿欧元，是汽车及卡车零配件、集成系统和组件的设计商、生产商和销售商。该公司在 29 个国家拥有 123 家工厂、16 个研究中心、34 个发展中心和 12 个分销平台。在其 78,600 名员工中，约有 1 万名致力于研发。2013 年，法雷奥公司用于研发的总投资达到 11 亿美元，大约占其设备销售额的 10%，比 2009 年增加了 10%。

持续创新政策一路支持着研究和创新的整个流程，直至产品投放市场。

对于已经成功投放市场的创新产品，例如公司的集成启动机——交流发动机可逆系统（iStARS），法雷奥都归功于其持续创新政策。在拥堵的城市交通中，该系统能够将内燃机耗油量减少 15%。"在城市，35% 的时间里汽车都处于怠速状态。"法雷奥的营销部部长德里克·德·波诺（Derek de Bono）说，"关闭发动机，然后自动重启是降低汽车二氧化碳排放量、节省燃油的便捷、有效而经济的解决方案。"[29]

可口可乐公司：扎根于创新的世界领先者

可口可乐并不是做软饮料起家的。1886 年，其核心产品发明人约翰·斯蒂思·彭伯顿（John Stith Pemberton）研制了"健脑饮料"——"可可酒"。他绝不会想到有一天世界上还会出现"零度可乐"这种东西，也不会想到他在药店开创的这份业务竟会成长为销售额达到 470 亿美元的世界巨头。

最初，可口可乐的核心业务是生产糖浆，卖给当地药店，用于治疗头疼及疲劳等各类问题。1889年，公司引入了特许分销体系，将可口可乐糖浆卖给世界各地的灌装厂。早在1917年，关岛就有了可口可乐的灌装厂。

从一开始，可口可乐公司就建立在灌装厂和供应商的扩展网络基础上，有着分散式的创新战略。例如，可口可乐瓶的著名设计于1915年在印第安纳州完成，从那以后，为了满足生产线的需要，灌装厂对其不断加以改进。

到了20世纪50年代，可口可乐公司1/3的收入来自于国际市场。它的第一项产品创新来自国外市场：1955年在意大利的那不勒斯，芬达橘汁问世了，但直到1960年才销售到美国。同年，可口可乐收购了美汁源（Minute Maid）公司，进军果汁市场。

1985年可口可乐公司将"新可乐"（New Coke）引入市场，经历了让人啼笑皆非的"失败"。公司对传统可乐配方进行了升级，因为它的研究发现，越来越多的消费者喜欢口味更甜的软饮料（类似其竞争对手百事可乐的产品）。可是现在说起"新可乐"来，没人把它视为大胆的创新，而是营销失败。虽然销售额尚可，但忠实于传统配方的一小部分消费者对当地的灌装厂施加了压力，而后者又将消费者的抱怨转达给了可口可乐公司。公司知道新产品很快就会走向末路。就在"新可乐"问世的79天之后，传统可乐再次回归。结果是销售额激增，使得一些人猜测这整个过程就是营销噱头。实际上并不是。

对于其团队在"新可乐"上所冒的风险，可口可乐公司一直采取支持态度，这一点甚至连百事可乐当时的CEO罗杰·恩里科（Roger Enrico）也赞不绝口。"如果因为一个错误就解雇员工，无论这个错误有多大，就是警告在可口可乐工作的每一个人：只要一次失误，你就会出局。这样做并不能带来任何工作上的进步，只能根除公司所有的冒险行为。"[30]

可口可乐的 CTO 盖伊·沃拉特说："我们希望能够得到公众的再次认可，我们是食品饮料行业具有创业精神的杰出公司。我提出'再次'这个说法，是因为如果没有来自创新的巨大成就，可口可乐公司就不会成长为今天的样子。我们的产品本身就是破坏性创新的产物。对于当时的世界，它是一个新鲜事物。"

ČKD 集团看重协同能力

ČKD 集团的历史可以回溯到 1927 年，当时两家小的捷克公司联合起来，首次生产了四冲程发动机、涡轮机和发电机。很久以前，ČKD 就离开了发动机行业，并成为世界领先的电车生产商，而且在石油天然气技术方面也居于先进地位。在冷战期间，它的客户主要是前苏联集团的国家。

后苏联时代，ČKD 一直在为老业务寻找出路。20 世纪 90 年代末，公司已经开始了向集团的转型。作为一家工程、制造公司，其主要业务范围是发电、石油天然气、环境技术和基础设施开发。

ČKD 所有的业务都有能力储备。公司高级管理层清楚地表明，希望在控股公司的结构下使不同的能力产生协同效应。市场对同步技术创新和降低成本的压力与日俱增，对于 ČKD 这样规模较小的公司尤为如此。

ČKD 长期以来就有着与供应商合作的传统，它们能够提供 ČKD 能力储备库中所缺乏的服务和工具。对于顾客来说，供应商联盟能够提供更快的速度和更高的可靠性。ČKD 就依赖于此降低了研发费用，减少了产品投放市场所需的时间——后者是 ČKD 极为看重的关键业绩指标。集团内部有一条严格的规定，即 ČKD 任何一家公司所生产的新产品或提供的新服务投放市场所用时间不得超过36个月。

要在公司内外合作伙伴之间坚持不懈地履行这一创新战略需要依赖于人才。

"我们当然会欢迎有经验的人，"公司CEO简·穆希尔说，"但创造力以及把看似无关的事情联系在一起的能力则是一种天赋。在正确的领导下，这种天赋是可以培养的。"

LINET赢得了创新赌注

自从1990年公司成立以来，LINET一直在捷克的斯拉尼市生产医用病床。1995年，公司拥有150名雇员，病床年产量为3,000张。

LINET本可按照这个规模发展下去，享受在低劳动力成本市场生产所带来的价格优势。但20世纪90年代末期，公司在创新方面下了赌注。15年后，公司年产量已经达到了4万张病床，员工达到了600人。

LINET也许曾享有低成本优势，但它在世界医疗市场的品牌意识也很弱。公司在1999年有了突破，对其"线性柱单元"（Linear column unit）进行了专利注册，重新定义了电动可调病床的技术，树立了公司行业内创新者的地位。

今天，LINET已经成长为世界第四大医用病床生产商，2012—2013年的收入超过2.17亿美元。几乎所有的销售额——90%之多——都来自出口。LINET公司对于创新组合进行积极管理，在这两年间，投入市场不到3年的产品对公司销售额的贡献率将近一半。2012年之前，一项产品从首次创意评估到实际投放市场，平均用时大约为22个月。而在2012年之后，投放市场所需时间降到了15个月。LINET目前的目标是将这个时间缩短至9个月，而投资回收期平均为 39 个月或者更短——该行业中主要产品的生命周期为 7.5 年，因此这已经是非常健康的指标了。

"我们的优势在于收集创意。"公司的 CEO 托马斯·科拉尔说，"不仅指产生创意，更重要的是需要做出决定：重点关注什么？延后考虑哪些问题？需要完全放弃哪些想法？"

为了做出这些决定，LINET 与医疗专家密切合作，后者的专业知识对于创造产品的竞争优势不可或缺。正如科拉尔所指出的，"乍一看，似乎我们的产品与竞争对手的产品没什么差别，所以专业知识在该领域举足轻重"。

20 世纪 90 年代末以来，LINET 一直秉承着这种开放式创新，其中顾客和战略供应商的贡献不可忽视。顾客体验，即便是负面的体验，对产品创新也有着宝贵的激发作用。根据 LINET 的统计，其创新组合中约有半数要归功于顾客，而来自专利搜索和内部头脑风暴的创意还不到 1/4。

"在全世界，医疗技术的获取途径正在发生重大转变，"科拉尔说，"移动性变得越来越强。这成了很多行业的变化杠杆，包括我们这个行业。我们已经看到大量的竞争者涌入我们的市场。创新对我们来说是最关键的因素，也是我们最大的竞争优势。"

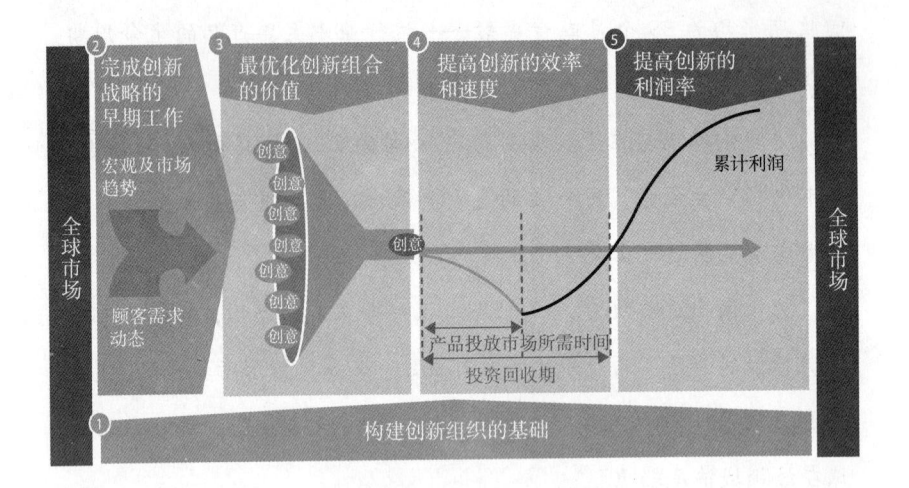

② 完成创新战略的早期工作
- 宏观及市场趋势
- 顾客需求动态

③ 最优化创新组合的价值
- 创意
- 创意
- 创意
- 创意
- 创意
- 创意
- 创意
- 创意

④ 提高创新的效率和速度

⑤ 提高创新的利润率

累计利润

产品投放市场所需时间

投资回收期

全球市场

全球市场

① 构建创新组织的基础

第六章
提高创新的利润率

要想让创新成为可重复的过程,绝不能只依赖于某个领导人的天赋或灵光一现。因此,我们介绍了"最佳创新企业"的很多成功做法,正是这些做法,使得它们的业绩优于同行业竞争对手。本章中,我们将介绍"最佳创新企业"在整个产品或服务的生命周期中是如何提高利润率的。我们将讨论如何:

- **确保流程的连贯统一性**。将流程看作是整体的一部分,将其视为能够产生新产品、服务和商业模式的零部件——提高流程效率,确保创新优势。
- **管理产品复杂性问题**。不要过于关注降低产品复杂性,而要注意管理其连贯性。如果能够正确管理,产品复杂性能够让你有理由为产品定高价,并带来更高的利润率。
- **实施敏捷及精益设计**。将传统的"精益设计"带到一个新高度——"限成本设计"。重点应放在产品的核心性能上,即该产品或服务能为顾客所做的工作。这会给核心要素成本及蓝图设计带来更加透明的视角。
- **进一步提高协同能力,加强合作伙伴关系**。着意进行跨职能部门合作,使之成为一种习惯。这种合作的扩展视角会进一步地降低成本、催生创意并优化实施流程。

确保流程的连贯统一性

在任何一个时代，对效率和利润率的追求都是不变的，但从未像今天这样急切。流程改进的投资回报率越来越低，而通过全球采购来降低成本的机会也越来越少。尽管目前的市场占有者会继续出现在国外市场上，却会出自新的理由：更近地接触顾客，从而为当地市场量身打造产品。与此同时，在目前的市场占有者采购廉价原材料和劳动力的国家里，正在出现下一代的竞争者。

"中国竞争者的当地市场比我们欧洲市场要更大，增长速度更快。"一家"最佳创新企业"如是说，该公司以擅长建立国际供应商合作伙伴关系而为同行业伙伴所熟知。也许用不了多久，中国的公司就会讲述类似的故事。

在未来要想获得持续性增长——无论是对现有的创新公司而言，还是对于那些希望能够创新的公司来说——需要使流程效率达到更高的水平以保持创新优势。对于那些感觉已经达到极限的公司，"最佳创新企业"可以提供新的视角。

本章讲述的是如何通过正确的流程设计，确保流程效率，以加速提高创新利润率。

作为集团，"最佳创新企业"的不同部门对各方面事务——市场、创新组合以及组织内外的合作结构——的观点连贯一致，这使得它们在同行业中鹤立鸡群。这种连贯一致的习惯深植于组织文化与流程中。"最佳创新企业"保持战略一致的秉性在其给我们讲述的故事中处处得以体现，但最明显的还是体现在对流程的关注上。

如果观察"最佳创新企业"的历史，你会一次又一次地发现，它们从不会将流程视为各自独立而分离的不同环节。它们会将其视为一个整体，是一台机器的不同零部件，组合在一起才能够产生新产品、服务和商业模式。

Mavi Sud 是意大利一家生产药妆的小公司，2006 年获得了最佳创新企业奖。药妆是有治疗效果的护肤产品，远不同于传统化妆品。例如，Mavi Sud 生产的一种喷剂是从贝类的甲壳素中提取的，能够加速烧伤烫伤的痊愈。虽然其产品很独特，但比起那些跨国公司的大竞争者们，Mavi Sud 必须要想办法来弥补其小规模的劣势——坚持不懈地提高流程效率。Mavi Sud 与其客户网络——皮肤科医生以及药剂师持续保持着直接联系，为其创新流程不断地注入生机活力。与供应商保持合作关系也有益于流程发展，使公司不断探索新的领域，例如整形手术。

管理产品复杂性问题

我们先来明确这个问题：产品复杂性也有益处。比起管理的连贯性，"最佳创新企业"并不特别在意降低复杂性。它们与复杂性为友。如果管理得当，复杂性能为产品的高定价提供切实的理由，并提高产品的利润率。对于顾客来说，管理得当的复杂性能够增加产品价值，而对公司成本只能造成有限的不利影响。

"最佳创新企业"的流程建立在对复杂性深刻理解的基础之上，这使得企业可以重新调整、组织对其产品设计、开发等方面的思考方式。

产品复杂性能够影响整个价值链，其影响涉及方方面面——不只是产品开发的细节，还有采购、内部物流、生产、仓储、营销及运输。如果产品复杂性程度太高，或者管理不良，则会推高成本。

无论何种行业，产品复杂性的原因都会有几大类。首先，大多数组织都极为关注销售额增长水平，而利润率（以及效率）却往往成了其次。对销售额增长的执着被错误地视为一种美德，使得组织只注重扩大市场份额，取悦消费者，却几乎不计回报。

产品复杂性带来的问题会随着时间流逝逐渐累积起来，让人难以察觉。各种产品及其变体激增，每种都有自己的库存单位，每种都有自己的逻辑和动能，但市场可能并不需要这么多选择，而是希望产品能够更加标准化。这种现象的产生是由于问责界限不清。对于产品设计和开发所做的决定往往并没有综合考虑相关的流程，因此在价值链上不断地衍生出复杂性问题。

出乎意料的是，即便是经营良好的组织也往往缺乏对整个价值链上成本的全面了解。也就是说，它们对产品定制和由此产生的复杂性的掌控是有限的。它们甚至没有意识到这是一种代价。通常情况下，"职能筒仓"（functional silo）导致公司无法预测复杂性问题，并且在问题出现之后没有现成的解决方案。这就使得组织难以理解复杂性的本质，不知道其身后的驱动力量。如果是这样，组织如何能在创新组合中一路管理复杂性问题呢？

根据我们对"最佳创新企业"的观察，我们知道对产品复杂性的价值及成本要有全面整体的视角。我们在思考问题的时候首先要关注表层的问题——顾客所看到及被他们视为价值的产品特点，然后再关注表层下的问题——由此而带来的成本。

表层价值包括某产品不同形态的数量，公司的营销部门、品牌和产品线的数量及相互联系，公司所跟踪的库存单位的数量。表层之下的成本（就连组织领导都会忽视）包括公司需要管理的多重生产流程及技术，它需要监管的多种不同的产品配方，不同产品线所需使用的多种不同的原材料。

当提到产品或服务的利润率时，首先需要回答的问题是：可以降低哪些成本而不牺牲表层上的价值？在价值链中，需要考虑每种产品及服务对销售额的贡献、成本及息税前收入。对这些问题应该在创新组合的概念生成阶段就加以思考才对。

试想某公司要引入某种服务创新。公司需要回答的问题很直接：某细分市场对业务部门收入的关联度如何？在产品的生命周期中，细分市场的可能增长率如何？顾客对新技术的忠诚度可能会有多高？创新成本与带给顾客的价值孰高孰低？

如果能对这些问题给出回答，就会对产品复杂性问题拥有技术上的掌握。至少，可以告诉组织应该抛弃哪些给顾客带来极少价值却需要付出很高成本的产品。另外，组织可能会因此对产品生产及服务流程产生新的视角。

实施敏捷及精益设计

正如我们所说，产品复杂性也有其用途。但其产生的问题绝不应该因时间流逝和漫不经心而日积月累。精益设计运动迄今为止有25年的历史了。它的提出来自对丰田汽车公司生产方法的研究。与西方汽车生产商的流程相比，精益设计更注重顾客价值和高效生产。[31]

如何做到敏捷

在复杂的组织中，敏捷需要三个维度的长期视角：创新组合（尤其是涉及产品演化和顾客需求的创新组合）；组织架构及其为创新组合的实现所提供的支持（或无法提供的支持）；流程规划。

对于"最佳创新企业"，敏捷度意味着对顾客价值的强调、尽职的团队、快速学习及对变化的开放态度。下面是发展敏捷度的一些基本原则：

- 借助频繁的、定期发行的内部通讯逐步开发并提纯创意。
- 以顾客为导向，对各种创意进行优先顺序排列，将顾客的需求转化成更具体的技术指标。

- 将端间责任下放给跨职能团队；用尽职尽责、对工作具有奉献精神的员工充实团队。
- 减少反馈时间，在工作中随时注意整合；这是以开发人员回归分析为特点的"测试先导型"路径。
- 通过股东的积极参与证实创意的可行性，对技术细节不断进行提炼。
- 不断记录得到的经验，为团队成员培养更多的能力，培养以学习为导向的环境。

作为一种设计理念，"精益"设计有两点值得注意。首先，其运营观点涉及整个组织，而不只是生产部门。其次，其理想是将精益设计作为永久性能力培养，并且在创新组合的开发阶段培养得越早越好。

管理流程是强化某些有意识的行为的方法。我们注意到，"最佳创新企业"有一些值得学习的行为：它们将一些做法纳入到工作流程中来，以提高组织意识，让它们注意到创新流程中的不同选择。另外值得我们学习的是管理流程将创新投放市场的过程，即其设计。

通常，组织内的设计流程是各自分离独立的，依据不同的功能进行顺序排列。组织的每个部门依次将其独立于其他部门的视角加入到流程中来。这样按照顺序一步一步地从设计到生产、营销、服务及产品支持，会大大地延长产品的投资回收期。

这是一个听起来非常明显的错误，但在复杂的组织中，这种机能障碍往往得不到处理，甚至得不到注意。在产品的整个生命周期中，各种问题所引发的不必要的费用层层积淀下来，对利润率造成了巨大的损害。不良的流程设计往往在事后才会被注意到。

我们以某有轨车生产厂家为例。公司正在设计一种车厢，工程师指定了一种带锁的可推开式的窗户。但为了避免气流问题，车厢的窗户其实总是关闭的。这只是我们所说的冗余功能设计的一例。还有一些其他的例子。比如：只需要一组电池的车厢却设计了双电池系统；车厢铺设的地板比竞争对手所用的材料贵40%；复杂的隔间设计安装昂贵，而且独立的墙体嵌板价格不菲。对整个项目进行总结会发现，由于设计上不必要的浪费，每节车厢竟然多出60%的成本。

在车厢设计中缺失了对其核心价值连贯一致的跨职能视角。这种视角能够提供以最低成本满足所有顾客需求的解决方案，即提供核心价值，而无需太多华而不实的功能。可现实是，就像盲人摸象的故事一样，组织的每个部门都为车厢设计独立贡献各自的观点。结果就会设计出没有必要的功能，产品规格不满足运输公司的现实需要，车厢内部的设计元素也不符合公司对精益生产的要求，难怪要素成本会非常高。这对于利润率的影响是非常大的。

"最佳创新企业"把精益设计提升到了一个新高度，通常称之为"限成本设计"。可以这样思考：交通工具的核心产品功能是将乘客从一个地点运送到另外一个地点。柔软的真皮坐垫虽然能够锦上添花，但并不是交通工具的核心功能。"最佳创新企业"的习惯就是让每一位参与产品设计、开发和生产的员工都能从产品核心功能的角度思考问题。或者说，这不仅是一种习惯，更是一种流程。这就是精益设计的核心思想，而其逻辑结果就是"限成本设计"。

"最佳创新企业"的限成本设计思路

功能：产品或服务要做到些什么？或者应该做到些什么？

规格：产品在其要实现的功能方面做得如何？

理念：产品拥有的功能如何得以实现？

生产：如何生产制造该产品或者如何实现该服务？

要素成本：由谁、在何地开发生产该产品，或实现该服务？

在限成本设计框架中，合作各方必须尤其注意核心规格评估和核心理念评估。"限成本设计"要求对这些要素提高意识，结果就是组织对核心要素成本有着非常透明的认识，规划出生产设计的蓝图。

我们对"最佳创新企业"做了细致的观察，并探究性地问了一些相关问题，对精益设计有了更深刻的认识。这些问题涉及创新的理论外缘，换句话说，就是问"我们为什么不能……？"这一类的问题。从这些问题开始，我们再考虑那些被核心期望值和核心成本所限制的问题："我们必须要做些什么……？"这两类问题会将跨职能谈话限制在产品核心功能方面。

> "对于创新本身来说，平台起到关键的作用，并能够促进整个组织创新的'民主化'。"
> ——大众汽车公司 CTO 乌尔里希·哈肯贝格

我们以某欧洲电信设备生产商为例，该公司就利用这种跨职能设计方法开发新产品。通过对产品核心功能的分析，取消了一个不必要的断路器，取消了产品的双配置方案，因为单配置方案足以满足需求，去掉了多余的直流电输入设计及总线端口。随后，核心规格分析得出结论，只需要更细的电线和更简单的连接即可，初始设计的电线太粗，而连接也太复杂。核心要素成本分析促使公司向国外成本更低的供货商索要新报价。最终，比起初始成本估算，生产商节省了将近65%的成本。

事后看来，若公司对某创意有更清晰的认识，就可能会有不同的产品设计，使公司能够更快地达到目标（复杂性更低，成本更低）。即便产品已经处于创新生命周期的某个阶段，仍然有必要对流程管理加以优化。这意味着对现有产品和流程加以反思，审视整个价值链是否还有应用"精益思维"的空间，去除任何不能为顾客增加价值的多余成本。

实际上，这就类似于将某产品或服务分拆开来以观察其构成——反向标杆分析。产品的生产方式是否能有所不同，而不仅仅是更便宜？

公司把服务送达到消费者的过程中能否减少障碍？这种标杆分析的收益可以积累，促进组织行为保持连贯一致性，使其对成本和复杂性有整体的认识。

平台的用处

标杆分析和限成本设计是平台建设的前提条件。例如，汽车行业的模块化操作促进了不同产品和服务间及不同代际产品之间的协同性。而与此同时，创新可能会在不同的模块间发生。

平台会降低研发费用和产品投放市场所需的时间。在应对顾客需求时能够提供额外的灵活度：一方面模块的不同组合可以提供各种变形，另一方面可以调整某单一模块为客户定制解决方案。由于复杂性问题成本的降低，所有不同方案均可以较低的成本完成。

例如，2005年德国赛多利斯公司（Sartorius）获得了最佳创新企业奖，主要是由于其模块化和再设计成功地缩短了投资回收期。作为一家实验室设备生产商，它参与了全球市场竞争并感受到需要加速赢利的巨大压力，尤其是机电一体化方面。建立标准化的产品开发流程及对模块组件的相应运用，缩短了产品开发时间，降低了成本，并增强了根据客户需求定制产品的能力。最佳创新企业大赛的评委认为，赛多利斯公司的方法"通过集中的优化项目，对整个价值链进行了系统优化"。它将投资回收期缩短了15个月。

大众汽车在搭建平台方面做得非常出色。当公司在2008年获得了最佳创新企业奖时，评委们特别提到了支持公司创新战略的模块化流程。该流程深植于整个组织，尤其深植于业务部门的头脑中。从15年前起，公司平台和模块化战略就成了公司的工程师、设计人员和市场营销人员无数"工具包"的来源——所有这些都能够缩短创新进入市场的时间。

最近，大众引入了横置发动机模块化平台（德语为 Modularer

Querbaukasten，缩写为 MQB）。这一平台现已成为多种不同型号汽车的技术基础，共享统一的发动机悬置位。模块化工具包覆盖整个生产流程，如大众所说，"从冲压车间到组装流水线"。这为公司在整个世界的工厂制定了统一的标准。这种共享流程的好处还在于在汽车模型和生产运行方面无可比拟的灵活性，包括个别汽车设计的当地化。[32]

> "沟通和IT技术将会改变今天任何一种服务行业的商业模式。"
> ——法国国家铁路公司长途及高速铁路服务部CEO芭芭拉·达利巴德

横置发动机模块化平台适合于各种不同的车型设计，例如帕萨特和奥迪A4。据大众说，这种平台将不同车型的发动机和传动装置的设计数量减少了90%。因为在横置模块平台上，汽油和柴油发动机在车内的悬置角度完全一样，因此其排气管路、传动轴和传动位置可以做到标准化。该横置模块还能使公司所有的替代驱动创新适用于同一个悬置位置，无论是天然气还是混合动力装置，抑或是纯电力发动。理论上，所有不同车型都可以用一条组装线生产，即便轴距不同、履带宽度不同也没有问题。

一般说来，在复杂的组织里，像大众汽车公司的横置发动机模块化平台能够创造真正的协同——更好地处理复杂性问题，设计更讲究成本效益，对创新能够从整个组织的角度出发审视。理想的平台能够使更多的产品线及更多的细分市场更及时地利用技术进步。

> "任何流程的运行都应该建立在对情况充分了解的基础上。"
> ——德国赢创工业集团CEO英凯师

"对于创新本身来说，平台起到了关键的作用，并能够促进整个组织创新的'民主化'。"大众汽车公司CTO乌尔里希·哈肯贝格说，"平台使得创新成为组织可以担负得起的任务，它们强调了我们创新'民主化'的使命。"在过去几年中，横置模块所促成的创新有：车辆重量减轻，燃油效率提高及能够降低碰撞后冲击力的刹闸系统。

平台建设能够创造节约—再投资—创新的良性循环。例如，大众汽车的生产平台就提高了每辆车的利润值，降低了原材料成本，并缩短了每辆车所需的生产时间。平台建设支持了对新技术的投资，使得高容量汽车也能利用过去只应用于大众高端汽车的创新。例如，最近开发的汽油发动机能够减轻汽车的重量，降低直接材料成本，提高燃油效率。

"模块化能够将生产流程标准化，并缩短生产时间。"哈肯贝格说，"这在保证我们达到赢利目标方面起到了关键作用。"

当然，只有在各方良好合作的基础上平台才能充分发挥作用。无论合作发生在组织内部的不同部门之间，还是与外部合作伙伴打交道，如果不明确流程合作的正确方式，任何对创新利润最大化的讨论都是空洞的。

进一步强化跨职能合作伙伴关系

产品设计应该是跨职能的合作性流程。例如，当SNCF探索门到门的铁路服务时，它就考虑到了以信息技术为基础，内部不同部门之间的必要整合。

"沟通和IT技术将会改变今天任何一种服务行业的商业模式。"SNCF长途及高速铁路服务部CEO芭芭拉·达利巴德说。例如，她设想了利用铁路公司管理长途货运的跟踪技术来整合不同模式的客运。[33]

跨职能合作可以促进公司的凝聚力，使组织成员对产品利润来源有着更清晰的理解。以跨职能合作的方式管理创新流程能够创造组织透明度，使组织对具体问题产生更统一的认识，并创造更多的捆绑业务机会，从而使公司对整个产品组合的战略价值有更全面的认识。

自从2003年最佳创新企业大赛举办以来，我们发现获奖公司往往非常看重跨职能知识分享。例如，赢创工业集团的"从创意到利润"（I2P）活动的核心就是整合组织中不同来源的信息。I2P跟踪了赢创工业集团创新搜索字段和能力组合的数据，这些信息流入公司数据库，在创新流程的整个生命周期内指导着其运作，将想法和询问变成可供投放市场的新产品和服务，及可以开展的新流程。I2P 的跨部门数据流为刚性排名和组合分析工具提供了数据，管理着赢创集团复杂的专用化学品项目组合。另外，由系统自动生成的项目报告减少了书面工作量，提高了创新管理流程效率，最终提高了产品的利润率。

> "流程越死板、固定，就越事与愿违。"
> ——凯杰公司 CEO 夏沛然

"任何流程的运行都应该建立在对情况充分了解的基础上。" 赢创集团 CEO 英凯师说，"我们建立起了具有交叉学科背景的全球团队，它们会确保项目流程的畅通，不仅会考虑公司的目标，也会考虑到各个事业部及整个公司的战略。"

在赢创集团对企业凝聚力的追求下，项目得到及时完成，研究工作的效率也提高了。这意味着产品会更快地投放市场。在过去的几年中，I2P 活动所促成的项目将一些高价特殊材料成功应用于各种不同领域，例如锂离子电池、可印刷电子产品，以及用于个人护理产品的化学成分。

知识分享的最终成果可能就是我们目前所谓的大数据。对从各种来源捕获的杂乱信息进行分析整理，其用途潜力广泛，这是前所未有的。

据估算，目前大约 90% 的数字信息是在过去两年的时间中产生的。信息爆炸有多种原因，合规政策捕获了大量信息，各种传感器产品的问世，以及大量非结构化信息的存在，都对信息爆炸起到了促进作用。搜索引擎使得人们能够很容易地获取非机构性数据，包括社会媒体公布的数据。垂直行业门户越来越精于得到关于在线行为、顾客忠诚度、销售点活动及远程信息处理的大量数据。分析学的发展使得今天的算法能够对大量迅速变化的数据进行分析，甚至能够提取出具有预测作用的要素。随着数据量的骤增，复杂度暴涨，传统的处理工具已经过时了。

作为其产品和服务的副产品,企业也会生产大量的信息。例如,某厂商生产压力及温度传感器,对于运行时间、产量、质检结果、云计算相关的智能产品及供应链拥有批处理信息。如果这些数据能够得到严谨的分析分类,那么这将对提高流程效率和创新利润率产生什么样的效果呢?

可口可乐公司希望其自由式自动售货机收集的交易数据能够回答这个问题,这些数据能够传递与顾客每次交流所产生的信息。公司希望顾客选择所产生的实时信息能够反映出当地市场的口味,或许能够激发出一些适于地区灌装厂的软饮料配方。

充分利用大数据的潜力离不开创新文化的基础性特质。关于创新文化及流程,我们在"构建创新组织的基础"一章中已有述及。知识分享与相互连接的人才网络是必不可少的。同时还需对隐私法和安全政策有全面的了解和远见。这一点在与外部合作伙伴进行合作时尤为重要。

合作伙伴的战略价值

"流程越死板、固定,就越事与愿违。"凯杰的 CEO 夏沛然说,"在过去 20—25 年的时间里,我们一次又一次地质疑流程,改善它们,或在可能的情况下重塑流程。"单纯从这一点来看,外部合作关系能够重塑公司对其自身流程的视角。换句话说,它们能让公司发生变化——甚至,按照夏沛然的话来说,从头开始。

我们已经讨论了战略供应商对创新公司利润率的贡献。合作成本的降低无疑是其中一项。公司向供应商提供有意义的刺激,使其投资于公司的创新活动。但供应商对"最佳创新企业"的意义不仅仅是降低成本。好的供应商也能够协助公司发展创意,并成为实施过程中的必要合作伙伴。不止一家"最佳创新企业"成功地利用了其供应商库,更快、更有效地实现创意，将产品投放市场。

如果管理得当（我们的意思是积极而有效地进行管理），外部合作者在公司的价值链中就成了虚拟创新网络的一部分。它们会不遗余力地对自身的投入进行跟踪，以确保共同开发的创意能够尽快地投入实施。

> "新的投资并不会取代或者减少我们在研发方面的内部投资。我们在内部研发的基础上增加新的投资，使得我们能够接触到与我们的核心技术组合相邻的技术。"
> ——3M公司业务开发部资深副总裁乔恩·林德库格

例如，不久以前我们曾与一家汽车原始设备生产商打过交道，它在一个月的时间内召开了20多场供应商研讨会。这是典型的众包案例。在那一个月的时间内，公司对其价值6.7亿美元的材料花费做了限成本设计评估。与此同时，草拟了434个增值方案，确认了价值4,300万美元的可节省费用。

对于公司与外部合作者的密切合作及相应投资，3M公司业务开发部的资深副总裁乔恩·林德库格说，"新的投资并不会取代或者减少我们在研发方面的内部投资。我们在内部研发的基础上增加新的投资，使得我们能够接触到与我们的核心技术组合相邻的技术。"

谈到效率和利润，供应商这类的外部合作者所能做的最大贡献是为公司增添其目前还未拥有的能力。尤其当公司在扮演追赶者的角色时——无论是在新的业务领域还是新的技术领域，情况更是如此。

卡普施集团CEO乔治·卡普施将该问题转化为或买或租的决定。"缩短将产品投放市场的时间对于战胜竞争对手非常关键。组织必须精炼，而且对于子系统或者零部件需要做部分外包。"他说，"只有核心专有技术我们才会留在公司内部，对于最先进的技术我们都会外包出去。"

添材制造（AM）就是最新技术的实例，市场现有公司大多只能扮演追赶者的角色。这种技术其实始自20世纪80年代，以数字模型文件为基础，制造实体物品。正因为如此，常被称作3D打印。AM技术与传统制造工艺最明显的区别是，它对材料不是进行切割或者钻孔，而是逐层添加——因此"添材"二字精确地代表了制造工艺的特点。

作为一种制造创新，AM 在过去几年迅猛发展。最常见的用途是生产样品。将来，这种技术还将用于限量产品生产和规模定制方面。牙医已经开始用 AM 技术生产牙冠和齿桥。飞机生产商使用该技术生产飞机零部件，例如高级战斗机的风管。手机生产商使用 AM 技术直接打印头戴式耳机的电路。宝马公司利用打印工具暂时替代破损的金属工具——如果后者需要较长的交付周期，例如夹具。有了这些 AM 技术辅助的创新，公司就会降低单位成本，增加灵活度，减少产品投放市场所需的时间。

AM 技术也有其局限性和怀疑者。[34] 为了充分发挥其效用，拥有 AM 技术的公司正在将该技术"嫁给"传统生产工艺——很恰当地比喻了创新企业与外部合作伙伴之间的合作。

当然，即便是最健康的合作伙伴关系也会存在问题。与外界合作伙伴的关系很难衡量，知识产权问题可能会复杂化，现有的合作模式有时难以满足需求。虽然有这些障碍，但战略合作伙伴关系所引起的流程重构和更新可能会使新产品的利润率激增，并长期维持创新文化。

"最佳创新企业"习惯于从整个产品或服务的生命周期角度思考问题，这种思维模式会强化流程的连贯性，因此提高了效率，维持了企业的创新优势及利润率。

"最佳创新企业"不会将产品复杂性视为效率的障碍。它们与复杂性为友，并因给顾客创造额外的价值而合理地提高价格。"为顾客创造价值"使得企业在考虑产品和服务设计时很自然地将重点放在产品的核心功能上。这种"限成本设计"的方式会使企业对核心要素成本有清晰的认识，并能够揭示内在的设计浪费。

限成本设计产生的组织效应，是让组织更加注意到任何创新流程中所涉及的多种选择。由于对创新组合及其核心价值有了更全面客观的跨部门视角，组织可以做出更好的选择——对利润来源有了更一致的组织观点。这种全面的，有时可能是矛盾的合作观点在与战略供应商的关系中非常明显。凭借着这种合作伙伴关系，"最佳创新企业"能够降低成本，孵化新创意，并开发实施流程。

对效率高度注意的累积效果，是产品能够更快地投放市场，加速赢利，并维持利润率。

创新领袖亚马逊公司依赖团队努力

1997年，也就是亚马逊公司成立后的第三年，创始人杰夫·贝佐斯（Jeff Bezos）对《公司》（Inc.）杂志说："从长远看来，我们的模式是可以复制的。"[35] 即便那时，亚马逊也在做长期战斗的准备。贝佐斯在公司首个募股章程中对投资者说得很清楚，"公司认为……在可预见的将来，公司可能会遭受很大的损失"。

贝佐斯没有开玩笑。直到2001年，亚马逊才迎来其首个赢利年度，这是公司成立后的第七年。但与20世纪90年代后期很多名噪一时的公司不同的是，亚马逊在这场沸沸扬扬的互联网的泡沫中生存了下来，并且一直在成长。

亚马逊最初只是一家网上书店，现在已经无所不卖了——只要能放在盒子里邮寄的东西都有出售，从电子产品到艺术品，到衣服及日用品。从一开始，亚马逊的创新战略就是商业模式创新和应用想象，对貌似已经成型的商业惯例和技术施以新的视角并加以转型。亚马逊看到了大家都知道的正确方向，但抢先一步行动。结果就是给顾客带来了新的体验。

贝佐斯说竞争对手会模仿其创新，他说的没错。自从亚马逊推出一些用户体验创新（如"一键购买"和"推荐商品"）和系统创新（如订单处理和数字发表）后，这些创新都成了市场主流现象。亚马逊坚持涉足与在线零售业并无直接联系的业务，最抢眼的就是

2007年推出的Kindle电子书，使得电子书阅读流行起来。它的网络服务事业部成立于2006年，当时只是利用了亚马逊过剩的信息技术基础设施，现在身价已达40亿美元。

2013年年末，贝佐斯花费2.5亿美元收购了《华盛顿邮报》。如果说有哪个行业急需商业模式创新的话，那就是报业了，它为寻找出路已经苦苦挣扎了将近20年。

"按照我的经验，"贝佐斯在收购《华盛顿邮报》时说，"发明、创新和变化都需要通过团队努力。没有哪个天才完全靠自己能够解决所有的问题，开出魔法药方。你需要学习、辩论、头脑风暴，然后答案才会慢慢浮现。这个过程需要时间。"[36]

德国赢创工业集团的开放式创新

德国赢创工业集团是世界领先的特种化工产品生产企业之一，它所处的竞争环境与商品和原材料市场的环境类似。区别在于，赢创必须得了解不同行业的整个价值链，从汽车业、建筑业到药业，等等。赢创希望成为所有这些行业的最佳供应商，并深知积极创新是达到目标的唯一途径。

自从2007年从RAG矿业集团分离出来之后，赢创已经成长为销售额达到136.29亿欧元的大公司。从一开始，这家德国公司就有意识地打下了创新文化的基础。例如在公司内部设立了年度创新奖，以奖励杰出的应用型研究。公司积极利用搜索字段来架构其创新战略。这些搜索字段都是对照着公司的成长目标和能力组合而设定的，包括粒子设计、涂层和黏结科学、界面技术、聚合物设计、生物技术和催化过程。

赢创集团也设立了战略创新部Creavis来监管中长期创新项目，包括公司所称的能力平台的搭建。在"专案屋"（project house）中，Creavis管理着赢创集团不同事业部的跨部门合作。来自不同事业部的人才被"专案屋"借调三年,之后回到其以前的岗位,带回去新知识和更广的视野。目前,赢创集团运作着两个"专案屋":一个是中国台湾的照明和电子项目,另一个是马尔(Marl)的合成材料化工园,位于德国总部埃森市(Essen)以北40公里处。

特种化工产品业务的性质使跨部门合作成为运营习惯。作为重要的关键业绩指标,加快产品投放市场的速度是合作团队的目标,也是赢创集团众多外部合作伙伴的目标。

"开放式创新是特种化工产品行业创新管理的下一步,"公司CEO英凯师说,"真正的创新会跨越不同公司和行业的界限。"

大众努力成为世界最佳创新企业

总部位于德国沃尔夫斯堡(Wolfsburg)的大众公司是欧洲领先的汽车生产商,也是世界最大的汽车生产商之一。每年全世界乘用车销售量的13%是大众公司生产的。2012年,公司全球销售额达到1,930亿欧元。如此大型的公司维持竞争活力面临着特殊的挑战。

2008年大众公司获得最佳创新企业全能大奖的时候,评委们发现,创新的责任深植于大众公司高级管理层的脑海中。高级管理团队根据公司的创新战略制定了一套具体可行的目标:它的目标是将每年的单位产品销售量增加到1,000万台。与此同时,公司希望将税前销售回报率保持在至少8%的水平。这种宏伟的目标意在确保公司稳定的财务状况。但同样重要的是,即便在困难的经济时期也可以保持公司的财务自由。

大众公司已经给自己制定了清晰的目标:将自己定位为世界最具创新力的高产量品牌。并且制定了2018年的长远目标:在产品价值等方面成为世界领先的汽车生产商。

SNCF 长途及高速铁路客运服部致力于创新文化

当法国评委组将2013年的最佳创新企业服务类奖项授予SNCF的时候，评委们提到了他们称之为建立在四大支柱上的"清晰的战略远见"，这四大支柱是雇员、顾客、利润增长和运营业绩。尤其让评委们注意的是，这四大支柱通过结构性途径很好地整合在一起，为创意的产生共同添砖加瓦。

SNCF 长途及高速铁路客运服部是SNCF的五大部门之一。该部门提供法国的高速客运铁路的服务，包括TGV高速列车和廉价高铁Ouigo。在法国，SNCF 长途及高速铁路客运服部还提供欧洲之星（Eurostar）、大力士高速列车（Thalys）、里拉快线（TGV Lyria）、法国—意大利高速列车（TGV Italia）、法拉利高铁（Italo）、韦斯特班恩铁路（Westbahn）和德国联邦铁路公司（Deutsche Bahn）的服务。SNCF 长途及高速铁路客运服部在法国不仅提供领先的在线旅行社业务，而且还经营国际长途客运业务——iDBUS 于2012年7月成立，目前业务增长迅猛。

2012年，SNCF 长途及高速铁路客运服部的总收入达75亿欧元，其中20%来自于国际营运。

SNCF 长途及高速铁路客运服部在打造创新文化方面雄心勃勃——遗憾的是，普通人一般不会将创新与国有企业联系起来。正如公司CEO芭芭拉·达利巴德所说，"竞争来自于各个角落，甚至会跨越历史边界。例如视频会议是旅行的竞争对手。这迫使我们重新思考我们的业务——不止是交通，还要提供流动性"。

当她谈到交通和流动性之间的区别时，她认为公司提供的服务不应只是从一个车站到另外一个车站，而是从家到最终目的地。SNCF设定的目标就是为旅客创造条件，将公司的多种旅行服务结合起来，并采取个性化定制。达利巴德认为，如果以这种方式重新构想其商业模式，即便其他铁路公司的竞争进入欧洲，SNCF 长途及高速铁路客运服部依然会成为旅客的首选。

连接巴黎地区和法国东南部的廉价高铁 Ouigo 很好地体现了 SNCF 长途及高速铁路客运服部对新商业模式的创新努力。廉价高铁 Ouigo 于 2013 年 2 月进入市场，成人票价只需 10 欧元，儿童 5 欧元。达利巴德自豪地说，Ouigo 是其整个组织合力打造的，从火车乘务组到售票处，再到市场营销和战略团队，无一不体现着 SNCF 长途及高速铁路客运服部的心血。

"我们有坚实的创新基础。"她说，尤其在文化层面上——SNCF 作为工程公司的出身背景对公司文化有着深刻的影响。公司也在努力强化其创新组合，并加速将新产品和服务投放市场。但达利巴德同时承认，在创新利润率方面公司仍需进一步努力。

目标在怀，公司正在与战略供应商合作。合作伙伴关系多种多样，既包括 TGV 火车上的餐饮供应、票务流程的重建，也包括与大学合作将大数据技术用于订票系统和旅程安排，以构建流管理模型。

"我们出售的是日常消费品，"达利巴德说，"只有创新才能将我们与竞争者区别开来，说服具有不同购买力和不同需求的多样化人群选择我们的服务。"

第六章 提高创新的利润率

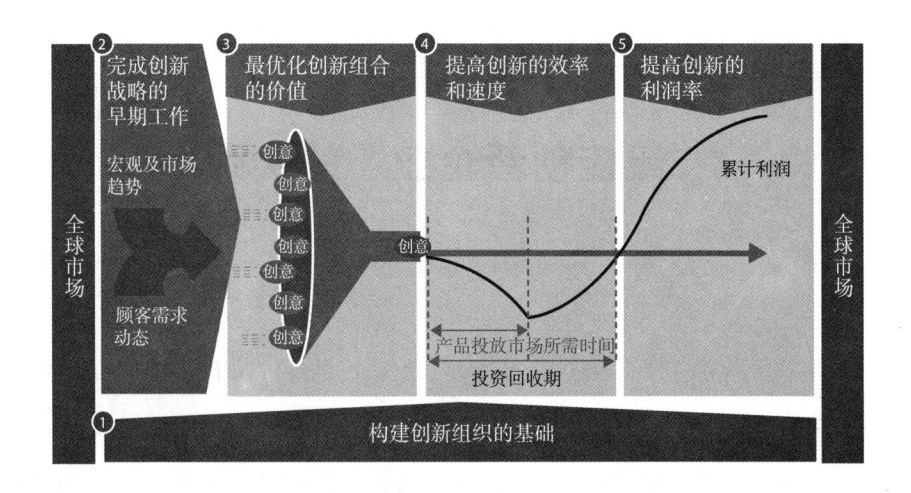

② 完成创新战略的早期工作
- 宏观及市场趋势
- 顾客需求动态

③ 最优化创新组合的价值
- 创意
- 创意
- 创意
- 创意
- 创意
- 创意

④ 提高创新的效率和速度

⑤ 提高创新的利润率

累计利润

产品投放市场所需时间

投资回收期

全球市场

① 构建创新组织的基础

第七章

"最佳创新企业"的实践

墨守成规的企业不可能获得持续、大幅度的业绩增长。企业的不断成长来自于可持续性创新战略。可持续性一方面指创新战略要长期执行，另一方面指对于变化要有持续的结构开放性。这也是一种压力。"最佳创新企业"的出色管理正是因为它们能够精心打造其领导团队。

回顾 2003 年以来我们与"最佳创新企业"的谈话，大多数高级管理团队的成员都会在不同的时间点提到他们致力于维系企业的创造性动能。当我们问及塔塔汽车集团的董事会前任副主席拉维·康特什么是他最关心的问题时，他直截了当地回答："塔塔汽车面临的主要挑战是如何维持其领先地位。"

康特的直率不无道理。在我们当今所处的时代，历史增长率是不可指望的（对于市场现有企业肯定是不可能的），而企业运行过程中方方面面的波动又是常态。德国赢创集团的 CEO 英凯师的一番话代表了所有企业的心声："全球环境加剧变化，我们面临太多的挑战——资源短缺，气候变化，城市化发展，世界人口增加，工业生产转移到中国、印度、巴西和其他一些新兴国家。"

大众汽车公司的 CTO 乌尔里希·哈肯贝格的观点与此一致。"我们面临着日益扩大的全球市场，这意味着新的顾客和不同的需求。"他说，"但是我们不要忘记同时存在的机遇。连通性、社会媒体等带来了工程上的挑战，但同时也带来了与顾客沟通的新方式，我们需要为顾客提供新的服务和解决方案。"

"最佳创新企业"能够经受得起不确定性。坚持不懈地聚焦于其创新活动并随时以关键业绩指标衡量活动进展情况，使得它们在过去经受住了市场波动的考验。在未来，市场波动仍然不可避免，"最佳创新企业"同样能够以其优秀的作风渡过一道道难关。

首先，它们需要有效的领导方式，这种领导方式很难定义，也不容易做到。在最后一章中，我们将重点介绍"最佳创新企业"的一些特点，及其超越其竞争对手的原因（见图7-1）：

- **以身作则**。建立由高级团队领导的扁平化组织。创新文化能否持久，高级管理人员的所想、所说和所做起着至关重要的作用。
- **持续而全面**。同时强调前面各章所提及的价值杠杆，持续提升创新活动业绩。当然，不同的时间段重点可能有所不同，但从长远看来，会是五个价值杠杆的和谐合奏。
- **清晰的沟通战略**。统一创新用语——可以用这个句型来表达："我们因为这些原因而做了这些事情。"这在组织内外创造了一种协同性。
- **管理中对波动性的预见**。承认这是一个高度变化的世界，随时注意运营环境的变动，分析问题，得出结论并依此行动。

以身作则

在每章中，我们都提到了"最佳创新企业"组织的扁平性。这种扁平性体现在多方面，跨职能的不同团队可以共同合作，制定决策，很多情况下这种合作还会跨越组织的结构边界。

不要以为"最佳创新企业"是能够自我管理的有机合作者。它们是由高级团队引领的。高级团队的所想所做非常重要，组织的创新文化能否持续有赖于此。

图7-1 "最佳创新企业"在竞争中胜出

汽车行业原始设备制造商的长期业绩
（行业比较与"最佳创新企业"，2003—2013）

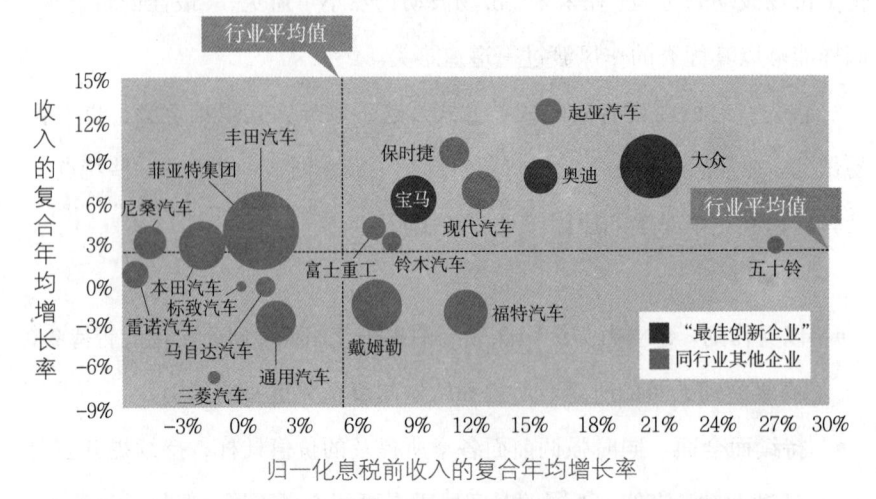

收入的复合年均增长率（纵轴）：-9% 至 15%
归一化息税前收入的复合年均增长率（横轴）：-3% 至 30%

图中企业：起亚汽车、丰田汽车、保时捷、奥迪、大众、菲亚特集团、尼桑汽车、宝马、现代汽车、富士重工、铃木汽车、五十铃、本田汽车、标致汽车、雷诺汽车、马自达汽车、戴姆勒、福特汽车、通用汽车、三菱汽车

图例：■ "最佳创新企业"　● 同行业其他企业

行业平均值

[1] 同行业企业选自福布斯全球2000排行榜，不包括新兴市场（主要指中国和印度）企业。
数据来源：福布斯，汤森路透Datastream数据库，科尔尼公司的分析。

乔治·卡普施认为，对于高级管理人员，"最重要的创新挑战在于跟上文化的步伐，让员工拥有正确的思维模式和心态，而不要在成绩好的时候沾沾自喜。如果想持久地保持创新力，就需要跨越我们的业务边界，经常对整个行业做重新思考和定位。否则的话，作为企业，我们迟早会落后"。

> "最重要的创新挑战在于跟上文化的步伐，让员工拥有正确的思维模式和心态，而不要在成绩好的时候沾沾自喜。"
>
> ——卡普施公司 CEO 乔治·卡普施

对于像卡普施这样的高级管理人员来说，创新绝不只是一项提议。他们将创新战略融入到组织文化中，使其成为组织文化的永久特性。文化打造是一项长期任务。

有些曾经非常成功的创新公司在艰苦时期没有挺过去。它们的领导团队很可能属于如下情况：要么CEO凡事主观武断；要么CEO不能把公司的人才组织起来，形成合力和凝聚力。有效的领导需要智慧，更重要的是，需要信任。

管理永久创新的组织需要团结的领导风格,或者说团结的领导团队。高级管理人员要有探索和实验的精神,并通过其自身行为把这种精神传递给组织。但组织也需要流程规范来实现其创意和产品创新的商业潜力。除非顾客愿意花钱购买,否则创意永远不能被称为创新。中间这个演化过程必须有人进行管理,而且要积极管理。

称职的高级管理者能够激发员工的创造力,并同时确保流程的规范性。创造力和流程的规范性并不是对立的,即便有的时候被描述成如此。管理者们不需在二者之间做出选择。在"最佳创新企业"中,高级领导者能够接受伴随真正的创新而来的风险,与此同时,他们会帮助组织成员理解什么是可接受的风险。这样的领导者能够坚持有长远收益的项目(即便它们没有立即产生效益),同时能够在一个好的创意明显不具有商业可行性时知道如何终止该项目——并从失败的经历中吸取有益的经验教训。

当然,在强有力的指令性领导风格和寻求共识的领导风格之间要达成平衡。好的管理者能够自身有意识地培养这种平衡。但是人性很难改变,高级领导者往往会侧重某一方面。这就是需要有意识地在领导团队中纳入各种不同性格的管理人才的原因。[37]

这里有个有趣的现象:要在高级领导者身上培养这种平衡性,似乎组织内的领导者候选对象更容易做到,而对于从组织外招募的高级管理人员来说则相对困难。科尔尼公司和印第安纳大学凯莱商学院对标准普尔500指数中非金融公司的研究发现,1988—2007年,完全在组织内部提拔CEO的公司业绩均超过了从外界招聘CEO的公司。这36家完全从公司内部提拔人才的公司在多个考核维度都表现突出:资产、股权和投资的收益率,收入及盈利的增长水平,每股收益率的增长及股价增值。

该调查还发现,董事会在继任者规划方面往往行动不力。[38]

董事会很少注意培养领导人才，在公司内部进行人才储备，却屡屡企图在公司外部找到明星。股东往往在新领导任期的一开始就得为此付出代价：比起公司内部提拔的CEO，从外部招募的CEO其薪酬通常要高出65%。

20年的业绩数据表明，长远看来，标准普尔500指数中从外部招聘CEO的非金融类公司没有一家能超过该研究中的前36家公司，甚至连同等水平也无法达到。试想如果"最佳创新企业"选择了不当的领导者会怎样——它们的企业愿景可要远远超过20年！对于"最佳创新企业"而言，选择了错误的高级管理人员所造成的后果远不止给他们多付出的薪酬。

该CEO研究对于创新文化很有意义。不管采取何种招聘渠道，寻找高级领导明星总是很难。但寻找明星却是组织发展的错误重点。我们很清楚，很多耳熟能详的关于伟大创新公司的故事表明，动态特性是所有问题的中心。组织文化的整体性、对流程的一致遵守，以及高级管理团队人员的选择，是企业发展的重中之重。

持续而全面

塔塔汽车集团的前任副主席拉维·康特深知，汽车生产商若想延续其在过去15年中获得的成功，必须要持续不断地提升现有能力，并且增加新的技能。他指出了企业必须要强化发展的几个方面：远景规划，用大数据进行预测分析，竞争意识和能力，与顾客更加紧密地接触。要达到这些目标，需要做很多事情。回顾塔塔集团自从成功将Ace轻型卡车投放市场以来的创新记录，没人能质疑公司的韬略。塔塔这样的创新公司到底是如何保持住其势头的呢？

首先，它们合理利用五个价值杠杆的总体战略是持久而稳定的，这五个价值杠杆对于创新的持久性非常重要。换句话说，这些公司能够协调而统一地进行本书中所描述的流程管理。只充分重视一两个杠杆是无法长久保持创新力的，持久的创新能力需要五个杠杆的合力。

> "让公司既有执行力，同时又非常灵活——这是巨大的挑战。"
> ——惠而浦巴西子公司家电部 CEO 恩里科·齐托

"最佳创新企业"非常重视它们的创新文化，这在高级管理团队的行为中也会表现出来。如果说文化是组织所嘉许的行为总和，那么创新组织的领导层需要做的第一件事就是积极营造一种文化氛围，使那些有智慧的人才在这里能够大显身手，茁壮成长。

"让公司既有执行力，同时又非常灵活——这是巨大的挑战。"惠而浦巴西子公司家电部 CEO 恩里科·齐托说。

为了营造创新文化，保持创新机器的永动力，高级经理人需要做的事情是显而易见的。例如，他们会在整个组织内培养共商氛围，这样人才就会以结构性方式组织起来，共同思考如何创造商机。正如我们所说，独立性、企业家精神与共商性可能会带来风险。虽然失败不应该对任何人的事业前景造成威胁，但仍然需要对失败风险加以管控。风险管理的第一步需要向组织成员详细讲述组织创新的战略意义。这种讲解会让每个人对创意的行踪有着脉络把握，将其清晰地传达给组织成员是创新企业领导团队的责任之一。

"最佳创新企业"的领导者能够清晰地表述企业创新战略的期望——对企业成长的贡献，企业参与竞争的细分市场，为了在竞争中占上风组织所需要的能力。为了让这些期望深入人心，必须在组织的流程中把它们反映出来。

但现在需要明确的一点是，创新的必要条件是跨部门、跨地域的合作。这种合作很复杂，需要协调一致的流程管理加以支持。"最佳创新企业"将其流程视为整体的一部分，是永久创新力的组成部分。合作各方观点的协调性来自于对核心功能的关注，即产品或服务能够为消费者解决的核心问题。

例如，如果创新组合的开发阶段是门径管理流程的一部分，那么门径管理流程就直接反映了高级管理团队在定义其创新战略时考虑的所有因素。高级管理团队对组织未来走向的思考就是这些因素之一。

"最佳创新企业"的领导者把远见视为一种组织能力，在我们与高级团队的谈话中总是能听到类似的观点。他们对转化率非常重视——这一比例说明了到底有多少创意能够从创新组合出发一路走下来，最终成为市场现实。但"最佳创新企业"的领导者们是非常现实的。对他们来说，最重要的关键业绩指标是产品的投资回收期，也就是使累计的经济效益等于最初的投资费用所需的时间。只有在投资回收期足够短的情况下，它才能真正配得上"创新"的称号。

这种观点所反映出的实用性是合作精神的前提。实用性或许是"最佳创新企业"的管理团队最鲜明的特点。正是实用性使得"最佳创新企业"能够从容地追求并实现协同——为了支持创新战略而在知识、预算、实践及人才等各方面进行分享。实用性意味着与外部合作伙伴尤其是供应商的积极合作。它们深知外部战略合作伙伴能够填补其能力空白，缩短产品投放市场所需的时间，改善产品功能并降低成本。"无论公司有何种先进的技术组合，只有在其与顾客和市场需求联系起来时才能真正创造价值。"3M公司的研发部经理阿希什·科翰德伯说。

那么，什么是正确的领导风格？从哪里能找到这样的领导人呢？

清晰的沟通战略

所有"最佳创新企业"领导者的共性之一，就是他们有能力让组织成员明白创新战略背后的愿景。如果没有对共同愿景的一致理解，就不会有协调的行动，也不

> "我们所面临的日益增长的全球市场意味着新的顾客和不同的需求。但不要忘记，我们也有更多的机会。"
> ——大众汽车CTO乌尔里希·哈肯贝格

会有让整个公司及合作者们认同的创意。

有人说，清晰的创意应该能够写在名片背面的空白处。虽说创新战略会较之复杂一些，但为了将战略传达给整个组织并激励组织成员，对战略愿景的描述也不应该超过一页。当然，实现目标所需要的组织工作应该更详细、更具体，但创新战略背后的基本原则应该能够清晰地表述为："我们因为这些原因而做了这些事情。"

能够清晰地定义创新战略（以及支持它的战略论证）是高级管理者必不可少的能力。我们经常看到诠释创新战略的任务被下放给沟通部门，让人感觉似乎这是无法被衡量的软技能，没有严谨性可言。如果企业内某部门的工作被认为不具严谨性，那么管理团队就不会对其施加足够的重视。这是错误的。正如其他一些软技能一样，将某个观点清晰地解释给组织成员的能力对于高级领导者来说非常重要，无论是构建联合，还是打造持久的创新文化，抑或是将工作流程解释给组织内外的人员，这种能力都必不可少。

英国小说家福瑞斯特（E.M.Forester）曾经说过："如果没有看到我所说的事情，我怎么知道我是怎么想的呢？"将创新战略背后的原理努力表达清楚，使得高级管理团队明确主次轻重，可以让其思路更加清楚——换句话说，团队成员首先需要向自己解释清楚创新战略。这样就定义了核心活动和非核心活动，创造了透明度。这就是决定创新组合架构逻辑链的第一步。这种诠释需要从在公司价值链网络中处于活跃状态的搜索字段开始，不管"网络"一词指的是企业内部跨职能团队之间还是与外部合作伙伴的联系。

本书中，我们对与战略供应商的合作做了大量的讨论。"最佳创新企业"在避免外部合作关系的陷阱方面做得很好。这

> "对于错误太过苛刻的管理会扼杀创新性。如果我们要想保持企业的成长性，必须要有足够的有创新精神的员工。"
> ——3M公司前任总裁威廉·麦克奈特

方面的成功源于它们努力将其对创新目标的统一理解传递给组织内外的听众。无论是在组织内部还是与供应商之间，它们都采用统一的语言进行沟通。这样就将供应商的目标与自身的目标协调起来。操作上，用统一的语言谈论创新战略能够强化对知识产权之类法律问题的共识。而且，这对于在时间和质量管理方面达成一致意见是必不可少的。

例如，德国商用厨房烤箱生产商乐信公司将其战略合作伙伴关系的成功归因于能够清晰地表述其从外部合作伙伴那里所需要的东西。例如，乐信的战略供应商必须自身就是创新者。为什么？因为这样的合作伙伴能够放大乐信现有的创意和发明，将公司进一步地推到更新的前沿。在共同的使命感下，产品投放市场所需时间和投资回收期缩短，对创新生命周期的管理也更加顺畅。

我们并没有说对创新战略的表述需要富有诗意——可回过头来想，确实如此又何妨呢？激励人心的表达能够激发人们对某个创意的热情，而这绝不是小事。

管理中对波动性的预见

2012年，科尔尼公司开发了市场动荡指数，即将价格动向（不是价格，而是价格动向）的五个衡量指标结合起来，对整个世界经济的动荡性提供借鉴。结果表明，对不稳定性的感受并不是你自己的想象。世界经济确实处在一段极为动荡的时期，检验着大大小小组织管理者的技能，要想持续保持创新的动力并不是轻而易举的事情（见图7-2）。[39]

市场动荡指数证实了世界经济的极端不稳定性，也说明了外部效应对高级经理人和他们所管理的公司的影响日益增加。市场的动荡及随之而来的不确定性说明，对世界形势有长远的观点是一种挑战，也是必要的。

虽然对世界不可能有确定的认知，但"最佳创新企业"都意识到，

图7-2 世界经济处于较强波动阶段

全球商业政策委员会波动指数，1999—2011
（1999=100）

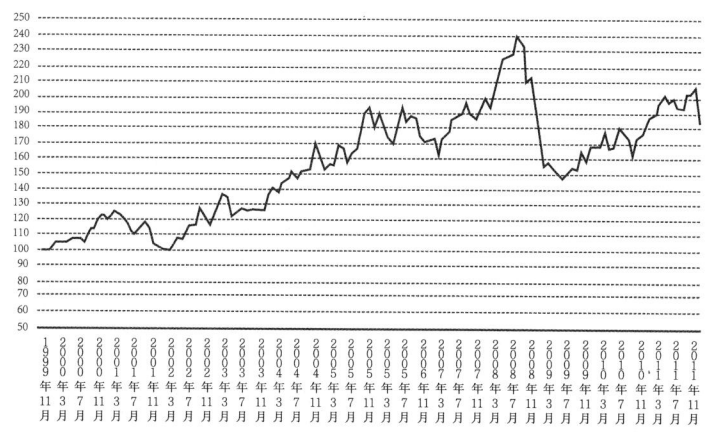

数据来源：联合国粮农组织，欧洲央行，国际货币基金组织，芝加哥期权交易所波动指数，道琼斯—瑞士联合银行商品指数，科尔尼公司的分析报告。

要想保持其创造能力（类似新产品活力指数的关键业绩指标都可以对其加以衡量），需要对未来有一定的看法。"最佳创新企业"不仅对未来有一定的预测并为此做好了准备，而且会随时注意其运营环境（及外部环境）的变化，并得出自己的结论。

对波动性的现实观点

科尔尼公司的市场动荡指数以一系列的外部因素反映出市场的波动性，包括食品、外汇汇率、金属、能源以及公开交易的股票。这些方面的高动荡性将会长期伴随我们。要将对这些方面的了解转化为特定公司的选择，需要明确波动性对企业利润和亏损的影响，明确指导创新组合的规划前提。

市场动荡指数是五种价格的国际动态平均数：联合国粮农组织的粮食价格指数，欧洲中央银行的外汇汇率，国际货币基金组织的金属商品价格，芝加哥期权交易所波动率指数（衡量标准普尔500

指数期权的隐含波动率，代表市场对未来30天市场波动率的预期），道琼斯—瑞士联合银行商品指数的能源价格成分指数（包括原油、民用燃料油、天然气和无铅汽油）。每个因素都占20%的权重，每个因素都是变量，这些变量之间相互影响。

动荡指数反映了市场波动性，用数据量化了我们所能感受到的外部效应对高级管理人员及其所管理的公司日益加剧的影响。它反映了宏观经济的不确定性和金融不稳定性，以及在能源和商品价格无法预测的时代对资源前所未有的渴求。例如，能源价格对食品价格有着深刻的影响，因为石化产品对化肥生产必不可少。能源价格对货币汇率也有着不稳定的影响，取决于一国对进口石油的依赖程度。这些相互作用并不总是可以预见的，并且经常在事后才能体现出来。

回顾长期以来的市场动荡指数，我们发现外界事件很容易激发起市场波动性，它们会立即对几个变量产生作用。不可预测的暂时因素，即所谓的"黑天鹅"事件，例如战争或自然灾害会发生作用。2003年的伊拉克战争对石油价格的影响，2008年的世界金融危机，以及2011年日本海啸对世界范围供应链的影响，都是现实的例子。动荡指数反映了世界经济的相互依存性。

动荡对不同行业的影响不同。例如农业综合企业易受各个动荡指数变量的影响。汽车制造企业对某些变量如钢铁价格非常敏感。银行对不确定因素的敏感程度最低，因为其主要投入的成本——劳动力和房地产——不会变动很大，即便长期看来也是如此。

动荡指数为分析家提供了分析基础，再加上"最佳创新企业"的自身特点，创新组合、资源获取和人才管理因此有了可以借鉴的依据。

有些公司已经学会了对动荡采取整体的视角。例如，某消费品公司将亚洲的战略供应商数目增加了一倍，从而提高了供应链中的可选择性。某全球食品公司做了产品组合分析，有步骤地削减了波动性较大的业务——资产密集型业务。

动荡管理不是一次性的、危机驱动型事件。对波动性的预期应该纳入企业管理流程。市场动荡指数正是达到该目标的切入点，并要以流程规划为起点。

对未来的关注决定了"最佳创新企业"的创新组合构成元素。它决定了组织对其创新组合进行商业化实现的构想。对未来的关注贯穿了组织在近期所做的战术选择，并引导了其在行业建设中所做的决定。

我们在第三章中提到过，"最佳创新企业"往往有着十年的远景规划。相比之下，其同类企业的规划流程经常短至一年或者是三年滚动计划。我们称之为短期主义。这导致了科尔尼公司的约亨·坎普佛（Jochen Kaempfer）和莫里斯·维奥拉尼（Maurice Violani）所说的"暂时近视症"，患了此病的公司无法看到行业变化在慢慢地侵蚀着目前看来尚有盈利的竞争地位。[40]

在这个极具波动性的时代，习惯于短期思维的管理者面临着风险："暂时近视症"会被误认为是灵活性和弹性。有着短期思维定式的人从不会意识到自己对未来缺乏思考。他们从实践中学习，并为一线工作设定战略。他们忽略的是这样会有碍于培养企业的长期能力，会培养企业的渐进主义，而损失了创新精神。

例如，20年前数码革命开启的时候，太多的电信服务提供商借口所谓的"趋同性"所造成的波动，不再强调长期思维，而提倡能够减缓对现有业务收入造成侵蚀的短期行动。那时，世界上每个电信服务提供商都知道移动技术会慢慢地削弱其核心业务，这意味着它们应该对数码技术有着前瞻。目前我们生活的时代，以20世纪90年代中期的视角看来应属于长期阶段，可我们又能说出有哪家电信公司在过去引领了转型性创新，掌控了趋同现象，现在又在行业中占据主导地位呢？

我们可以对实物零售商做同样的观察。很多零售商依赖着商店选址、运营和推销方面的出色战略保持着竞争地位。但是每年，零售业的增长更多地来自于各种在线创新销售渠道。这种趋势已经持续了20年了。

"最佳创新企业"的领导者需要承受得起投资者要求短期利润的不断压力。（硅谷有些新兴企业就非常不愿意谈利润率。）在线零售商亚马逊公司在这方面为大家树立了榜样。公司 CEO 杰夫·贝佐斯每年都会在公司年报中重申1997年公司上市时他写给投资者的第一封信中的一段话："我们会继续从长期领先市场的角度考虑问题，做出投资决策，而不会考虑短期利润或者短期的股价波动。"通过这样的屡次重申，亚马逊是在直白地提醒投资者，这家以零售创新而闻名的企业打的是长期战略的牌。在这样一个以波动性贯穿始终的行业里，它还会将这副长期牌继续打下去。

"细胞每分每秒都在变异。"凯杰公司 CEO 夏沛然说，"对外界的刺激，机体有的时候没有反应，或者会有负面反应，有的时候还会生病。但生物体具有不断变化的动力。我们也想拥有同样的动力、同样不断变化的能力。"

夏沛然的类比正是"最佳创新企业"最基本的特质。创新性不仅仅是对运营环境变化的反应，还是一种生活方式。

每个组织都会谈论增长率，尤其是当股东每个季度都会关注季报的时候。"最佳创新企业"的与众不同之处在于，它们所谈论的增长不会局限于传统的收入—利润二分法。它们的战略视野远大于此。它们会设想一次又一次地创建新的业务，而不仅仅是管理目前的业务。它们的视野是多年后的未来。

"最佳创新企业"的领导团队会彻夜不眠，考虑如何继续创新，这不足为奇。这就是它们的文化。其整个组织尤其是高级管理团队对公司业务的发展不敢有丝毫疏忽。它们的未来取决于对合作、创造和流程规范的严格把握。"最佳创新企业"的高级管理者最重要的能力是能够妥善地处理三者之间不可避免的矛盾。所以不难理解，经理人在走上管理岗位之前就长期浸淫在创新文化中对于其工作的开展是非常有益的。

在我们与"最佳创新企业"的领导者谈话的过程中，我们发现他们总是能清晰明了地谈论创新战略的目标，以及实现这些目标所需要具备的能力。"最佳创新企业"是复杂的、永远处于运动状态的。要想胜任其管理工作，需要对公司的发展方向有明确的愿景，并有能力将此愿景传递给组织中的每个成员。

这个愿景的中心是利润，对利润的关注产生了富有创意的流程。它决定了创新组合的门径管理，也决定了企业管理的流程。它使企业着眼于未来，组织对未来意义的看法也建立在此基础之上。

我们的未来是波动的，不确定性将是常态。尤其对于市场现有企业来说，在充满不确定性的世界中要想获得成长，不能只靠压缩成本或者外包，还需要不懈地进行创新，并将其作为一种生活方式贯彻始终。

2014年秋，科尔尼公司对来自欧洲各行各业的800多名经理人做了一次调查。被调查者认为，过去三年间商业化的产品和服务的销售额在总收入中所占的份额在未来将持续增长：66%的人认为到2015年该项销售额将占总收入的1/4强，76%的人认为2030年前这种情况将不会改变。

当受访者被问及对2015年的看法时，62%的人将新产品和服务销售额的1/4强归因于同第三方的合作。合作式创新对收入贡献的比例与企业规模关系甚微。在未来，与外部伙伴的合作创新将发挥更重要的作用：当被问及对2030年的预期时，71%的受访者将1/4强的新产品销售归因于与第三方的合作。

然而，虽然合作创新尤其是与供应商的合作创新已成为关键性能力，但还存在着很多障碍和困难需要克服。例如，科尔尼公司 2014 年采购研究评估表明，大多数公司都缺乏以下能力：

- 有效利用供应商的内部能力（84%）；
- 能够清晰显示出供应商对创新的贡献的体系和措施（83%）；
- 内部透明度及对未来增长需求的理解（76%）；
- 投入时间、资源或金钱以发展与供应商合作关系的意愿（72%）。

这些内部障碍在不远的将来必须得到处理。对于大型企业，要想达到这个目标需要采取一些转型行动，以保持竞争优势。

伟大的组织擅长利用不确定性。它们不仅仅能够适应变化，还能创造变化，它们是变化的主人。"最佳创新企业"的经历证实了这一点。

致　　谢

正如我们在本书中多次强调的那样，要将创意转化成真正的创新，组织内外部的合作必不可少。同样，本书的写作也离不开合作。如果没有科尔尼公司诸位同人以及最佳创新企业大赛的获奖公司的强力支持，本书的完成也是不可想象的。

首先，我们要感谢如下"最佳创新企业"及其高级管理人员，对于创新如何驱动利润增长，他们分享了自己的洞见：雅克·阿申布瓦（法雷奥公司）、杰夫·贝佐斯（亚马逊集团）、冈特·布拉施克（乐信公司）、戈特弗里德·布鲁诺尔（卢森宝亚）、让-马克·切里（意法半导体公司）、芭芭拉·达利巴德（法国国家铁路公司）、尼古拉斯·戴维斯（世界经济论坛）、英凯师（赢创工业集团）、罗伯特·费德利（法拉利公司）、吉尔典·菲略（Chemtech）、乌尔里希·哈肯贝格（大众汽车）、罗尔夫·霍兰德（CEWE 彩印）、马内·哈德拉克（德诗高公司）、拉维·康特（塔塔集团）、乔治·卡普施（卡普施公司）、托马斯·科拉尔（LINET 公司）、托马斯·穆勒–基施鲍姆（Thomas Müller-Kirschbaum 汉高公司）、简·穆希尔（ČKD 集团）、大桥彻二（小松集团）、布鲁诺·皮亚琴察（汉高公司）、埃布尔·罗西尼亚（塞阿拉电力公司）、夏沛然（凯杰公司）、英格·图林（3M 公司）、盖伊·沃拉特（可口可乐公司）、恩里科·齐托（惠而浦公司）。

同样，还要特别感谢这些年来一直支持最佳创新企业大赛的科尔尼公司的合伙人们，他们对本书也做出了很多贡献：伊尼戈·阿兰萨巴尔

（Inigo Aranzabal，马德里）、翰卓·阿姆斯（Hanjo Arms，柏林）、乔安·奥力克（Johan Aurik，布鲁塞尔）、高特弗莱德·泊特森（Gotfred Berntsen，奥斯陆）、维纳·鲍尔曼（Werner Borrmann，杜塞尔多夫）、亚历克斯·布兰特（Alex Blanter，旧金山）、帕斯卡·科隆巴尼（Pascal Colombani，巴黎）、克劳迪奥·切尔韦拉蒂（Claudio Cervellati，米兰）、达尼埃拉·奇科娃（Daniela Chikova，维也纳）、尤利·丹纳斯（Ulli Dannath，柏林）、弗洛里安·迪克格雷贝尔（Florian Dickgreber，杜塞尔多夫）、洛朗·杜马瑞斯特（Laurent Dumarest，巴黎）、拉尔斯·艾斯马克（Lars Eismark，哥本哈根）、阿克塞尔·埃哈德（Axel Erhard，慕尼黑）、托尔斯敦·艾斯特尔特（Torsten Eistert，法兰克福）、马库斯·尤尔（Marcus Eul，杜塞尔多夫）、理查德·福瑞斯特（Richard Forrester，伦敦）、弗洛里安·哈斯劳尔（Florian Haslauer，维也纳）、阿克塞尔·弗赖伯格（Axel Freyberg，柏林）、达里奥·加斯帕尔（Dario Gaspar，圣保罗）、卡斯滕·格哈特（Carsten Gerhardt，杜塞尔多夫）、朱尔斯·戈弗雷（Jules Goffre，慕尼黑）、沃夫冈·海牙（Wolfgang Haag，杜塞尔多夫）、麦克·黑尔斯（Mike Hales，芝加哥）、马丁·汉德斯卡夫（Martin Handschuh，斯图加特）、戴维·汉夫兰（David Hanfland，芝加哥）、哈根·戈兹·哈斯滕托伊费尔（Hagen Götz Hastenteufel，柏林）、马丁·郝本萨克（Martin Haubensak，杜塞尔多夫）、玻尔·洪（Per Hong，莫斯科）、乔基姆·冯·何尼根－修恩（Joachim von Hoyningen-Huene，慕尼黑）、岸田正弘（Masahiro Kishida，东京）、波·考尼茨（Bo Kaunitz，斯德哥尔摩）、戈兹·科林可（Götz Klink，斯图加特）、吉尔·科拉克斯基（Jil Krakowski，纽约）、罗伯特·克雷姆利奇卡（Robert Kremlicka，维也纳）、弗里茨·克罗格（Fritz Kröger，柏林）、阿明·兰德格拉芙（Armin Landgraf，法兰克福）、沃尔克·兰格（Volker Lang，慕尼黑）、托拜厄斯·莱维（Tobias Lewe，杜塞尔多夫）、安德烈亚斯·李德克（Andreas Liedtke，苏黎世）、丹尼尔·马勒（Daniel Mahler，纽约）、马尼什·马瑟（Manish Mathur，古尔冈）、斯蒂芬·梅尔（Stephan Mayer，斯图加特）、泽维尔·迈斯纳德(Xavier Mesnard，巴黎）、迪特里希·诺伊曼（Dietrich Neumann，柏林）、盖尔·奥尔森（Geir Olson，奥斯陆）、彼得·法伊弗（Peter Pfeiffer，杜塞尔多夫）、安德烈亚斯·普拉茨（Andreas Pratz，慕尼黑）、托马斯·润斯（Thomas Rings，慕尼黑）、卢卡·罗西（Luca Rossi，米兰）、霍尔格·勒德（Holger Röder，法兰克福）、迈克尔·罗莫（Michael Römer，慕尼黑）、伊诺特·卢埃达·萨尔迪瓦尔（Ilnort Rueda Saldivar，圣保罗）、费迪南德·萨利希（Ferdinand Salehi，柏林）、奥利弗·谢尔（Oliver Scheel，杜塞尔多夫）、西格哈特·沙伊特（Sieghart Scheiter，杜塞尔多夫）、约格·许洛特克（Jörg Schrottke，慕尼黑）、克里斯蒂安·舒（Christian Schuh，维也纳）、赫尔穆特·舒尔特-克鲁恩伯格（Helmut Schulte-Croonenberg，杜塞尔多夫）、奥托·舒尔茨（Otto Schulz，杜塞尔多夫）、尼古劳斯·索尔纳（Nikolaus Soellner，杜塞尔多夫）、马丁·索南夏因（Martin Sonnenschein，柏林）、曼弗雷德·特克斯（Manfred Türks，苏黎世）、耶里·史泰福（Jiri Steif，布拉格）、马库斯·斯特里克（Markus Stricker，苏黎世）、迈克尔·斯觉摩（Michael Strohmer，维也纳）、帕特里克·兰登·博施（Patrick Vanden Bossche，华盛顿特区）、米尔科·瓦尔顺（Mirko Warschun，慕尼黑）、马克·范·维珍（Mark van Weegen，亚特兰大）、迈克尔·韦斯（Michael Weiss，伊斯坦布尔）、英戈·威廉姆斯（Ingo Willems，杜塞尔多夫）。

我们感谢历年来协助在其当地组织最佳创新企业大赛，并积极进行知识分享的人们。我们无法全数列举，只能个别举例：帕·阿斯绰姆（Par Aström，斯德哥尔摩）、埃德森·鲍尔（Edson Bauer，圣保罗）、彼得·范·丹·布兰德（Peter van den Brande，布鲁塞尔）、索歆·齐奈（Sohin

Chinoy，华盛顿特区）、托米斯拉夫·克拉克（Tomislav Čorak，卢布尔雅那）、何塞·罗伯特·达莫里姆（Jose Roberto Dalmolim，圣保罗）、塞巴斯蒂安·德雷斯彻（Sebastian Drescher，慕尼黑）、伊莉莎白·伊斯顿（Elisabeth Easton，伦敦）、索伦·格拉博夫斯基（Soeren Grabowski，莫斯科）、伊戈尔·胡拉克（Igor Hulak，布拉格）、英格·彼得森（Ingo Petersen，慕尼黑）、蕾恩卡·克罗波娃（Lenka Krobova，布拉格）、弗雷德里克·兰讷博斯（Fredrik Lannerberth，哥本哈根）、克里斯蒂安·洛伊（Christian Loy，杜塞尔多夫）、卢卡·奥利法（Luca Olivari，罗马）、查尔斯·佩拉德（Charles Perrard，巴黎）、艾蒂安·塞鲍克斯（Etienne Sebaux，巴黎）、尼古拉斯·萨坦（Nicolas Sultan，巴黎）、瑞恩·瓦斯纳（Reine Wasner，苏黎世）、埃斯彭·维依科（Espen Wiik，奥斯陆），还有马提亚·魏茨曼（Matthias Witzemann，维也纳）。

最后，感谢那些在本书的写作、编辑和出版过程中不吝分享其专业知识的专家们：伊娃·迪德里茨（Eva Diedrichs）、英格·彼得森、马丁·鲁珀特（Martin Ruppert）、帕特丽夏·思博（Patricia Sibo）。我们深深感谢凯文·麦克德莫特（Kevin McDermott），他阅读了成摞的采访记录、文件和数据，做了很多研究，发现了书中的一些问题。他对知识分享和创新文化的讨论所做的贡献尤为重要。我们还要感谢前同事与合著者戴加辉（Stephen Dyer）分享他在创新领域多年积累的见解和案例。我们同样感谢戴维·伍兹（David Woods）和劳拉·霍金斯（Laura Hawkins）的热情支持和密切协作。

注　释

1. Edward Lawler and Chris Worley, *Built to Change: How to Achieve Sustained Organizational Effectiveness,* Jossey-Bass, 2006.

2. "Regional Highlights: Latin America," Whirlpool Corporation 2013 Annual Report.

3. "Whirlpool Latin America Report 2011," Whirlpool's report to the United Nations Global Compact.

4. "Tatas in contrarian mode, celebrate failures," *The Financial Express,* 3 May 2011.

5. 通常认为该说法出自日产公司总裁兼 CEO Carlos Ghosn，请见 *India Inside: The Emerging Innovation Challenge to the West* by Nirmalya Kumarand and Phanish Puranam (Harvard Business Press, p. 114)。

6. "黑天鹅"这一术语取自 Nassim Nicholas Taleb 的著作 *The Black Swan: The Impact of the Highly Improbable* (Random House, 2007)。Taleb 为"黑天鹅事件"定义了三个基本特征：不可预测；影响力巨大；但事情过后，我们又能对其发生给予解释，降低其偶然性，使之在未来更具可预测性。

7. Hofstede, Hofstede, and Minkov, *Cultures and Organizations: Software of the Mind* (third edition), McGraw-Hill, 2010.

8. "An Innovation Leader," *Appliance Magazine,* April 2004.

9. 对壳牌公司的方法更详尽的描述，请见 *The Art of the Long View: Planning for the Future in an Uncertain World* by Peter Schwartz (Doubleday, 1991)。想了解壳牌公司如何继续应用其方法，请见 "Shell Energy Scenarios to 2050" at www.shell.com。

10. 请见 "Scenario-Based Strategic Planning in Times of Tumultuous Change" by Paul A. Laudicina, et al. (*A.T. Kearney Ideas & Insights,* February 2012)。

11. Christensen, Clayton M., Cook, Scott, Hall, Taddy, "Marketing malpractice: the cause and the cure," *Harvard Business Review,* December

2005.

12. Ulwick, Anthony W., *What Customers Want: Using Outcome-Driven Innovation to Create Breakthrough Products and Services*, McGraw Hill, 2005.

13. Ades et al., "Implementing Open Innovation: The Case of Natura, IBM and Siemens," *Journal of Technology Management & Innovation*, Volume 8, Special Issue, 2013.

14. K. Naughton, "The Race to Market the Connected Car," *Automotive News*, 10 January 2014.

15. IMP^{3}rove benchmarking database, 2013; N = 3,652.

16. Reports from the Commission to the European Parliament, the Council, the European Economic Social Committee, and the Committee of the Regions; report of the European Commission, 30 January 2013.

17. TGV是高速火车。

18. L. Brown, "Business Models & Innovation: Interview with Barbara Dalibard, Managing Director, SNCF Voyages," *EURAILmag*, issue 22, 2014.

19. Karim R. Lakhani and Jill A. Panetta, "The Principles of Distributed Innovation." *Innovations: Technology, Governance, Globalization*, volume 2, number 3, summer 2007.

20. L. Brown, "Business Models & Innovation: Interview with Barbara Dalibard, Managing Director, SNCF Voyages," *EURAILmag*, issue 22, 2014; R. Bonazzi et al. "Respecting the Deal: Economically Sustainable Management of Open Innovation Among Co-Opeting Companies," *International Journal of E-Services and Mobile Applications*, volume 4, issue 1, 2012.

21. 关于在合作中与外部合作伙伴进行知识产权分享的问题，请见 "Innovation in Multi-Invention Contexts: Mapping Solutions to Technological and Intellectual Property Complexity" by Deepak Somaya et al. in *California Management Review* (volume 53, number 4, summer 2011)。

22. "Innovative Products," www.henkel.com.

23. J. Howe, "The Rise of Crowdsourcing," *Wired Magazine*, June 2006.

24. Rushing et al., "Turbocharging Open Innovation in a 100-Day Blitz," *A.T. Kearney Ideas & Insights*, February 2013.

25. 关于酒店行业的例子，请见 "Innovation: Are You Focused on the Perfect Over the Optimal?" by Sauvage et al. in A.T. Kearney Executive

Agenda (January 2012)。

26. "Coca-Cola Set to Unleash Freestyle Drink Machine in 2010," *Vending Solutions*, 9 November 2009.

27. "Follow the Procurement Leaders: Assessment of Excellence in Procurement Study," *A.T. Kearney Ideas & Insights*, November 2011.

28. T.H. Davenport, "Saving IT's Soul: Human-Centered Information Management," *Harvard Business Review*, March 1994.

29. "Valeo highlighting its micro-hybrid solutions for the US market: i-StARS and ReStart," *Green Car Congress*, 28 February 2012.

30. Enrico & Kornbluth, *The Other Guy Blinked*, page 240, Bantam Books, 1986.

31. 详见 *The Machine That Changed the World: The Story of Lean Production, Toyota's Secret Weapon in the Global Car Wars That Is Now Revolutionizing World Industry* by Womack, Jones, and Roos (Simon and Schuster, 1990)。

32. "MQB-der neue Modulare Querbaukasten," Volkswagen Internationaler Presseworkshop, February 2012.

33. L. Brown, "Business Models & Innovation: Interview with Barbara Dalibard, Managing Director, SNCF Voyages," *EURAILmag*, issue 22, 2014.

34. "3D Printing Scales Up," *The Economist*, 7 September 2013.

35. J.L. Seglin, "Hot Strategy: 'Be Unprofitable for a Long Time.'" *Inc. Magazine*, 1 September 1997.

36. P. Farhi, "Jeffrey Bezos, Washington Post's next owner, aims for a new 'golden era' at the newspaper," *The Washington Post*, 3 September 2013.

37. 有关创新战略不同阶段相应的领导风格，请参见 Jean-Philippe Deschamps 在 2008 年欧洲最佳创新企业俱乐部年会上的会议论文 "The Critical Attributes of Innovation Leaders"。

38. 参见 "Home-Grown CEO" by Fred Steingraber at www.atkearney.com (4 April 2011)。

39. Mahler, McDermott, and Walker, "Winning in a Turbulent World," A.T. Kearney Executive Agenda, November 2012.

40. Kaempfer, Peppard, and Violani, "Where Have All the 10-Year Strategies Gone?" A.T. Kearney, June 2011.

作者简介

卡伊·恩格尔（Kai Engel）是科尔尼公司的合伙人，负责公司在欧洲的创新活动。他在创新管理的各个领域有着20多年的咨询和行业经验，这些领域包括创新战略、创新组合管理、从创新到赢利的过程管理以及供应商驱动型创新。2003年，卡伊发起了最佳创新企业大赛及最佳创新企业俱乐部。在过去的8年中，他是欧盟委员会 IMP³rove 项目的主要合作者。他发表和出版了很多论文及著作，其中包括德语版的《创新管理及"最佳创新企业"——创新领袖的成功战略》。他经常主持管理者圆桌会议，并多次在商业及行业会议上发言。他拥有汉诺威大学机械工程学博士学位，以及布伦瑞克大学商业管理学位。

维奥莱特卡·德尔莱亚（Violetka Dirlea）是科尔尼公司的合伙人，负责公司在美洲地区的创新活动。在工业生产领域，她拥有15年的商业及咨询经历，为原始设备生产商和供应商提供咨询，帮助它们改善业绩。维奥莱塔的专技涉及价值链的各个领域——从质量、创新战略、供应链战略到利润、组织设计、成本和质量转型，帮助企业获得竞争优势。维奥莱特卡获得了美国雷鸟国际管理研究生院和亚利桑那州立大学国际商业及工商管理的双硕士学位。

约亨·格拉夫（Jochen Graff）是科尔尼公司的负责人，也是公司运营实践部的成员。他在公司的研发和创新管理团队中都担任着领导职务。约亨拥有15年的咨询经验，为不同行业的客户提供各方面的咨询，涉及创新、研发及企业运营，分享他在工程、汽车、高科技及制造行业的专技。约亨负责协调公司每年在全球举办的最佳创新企业大赛。在创新管理方面，他发表过许多论文，并且经常在学术会议上发言。约亨拥有鹿特丹大学及伦敦政治经济学院的工商管理硕士学位，并因其在国外的工作经历获得了欧洲管理学院协会的学位。

图书在版编目(CIP)数据

创新大师:打造永富创新力的企业/(德)恩格尔,(美)德尔莱亚,(荷)格拉夫著;孔雁译.—北京:商务印书馆,2016
ISBN 978-7-100-11721-0

Ⅰ.①创… Ⅱ.①恩…②德…③格…④孔… Ⅲ.①企业管理 Ⅳ.①F270

中国版本图书馆 CIP 数据核字(2015)第 256948 号

所有权利保留。
未经许可,不得以任何方式使用。

创 新 大 师
——打造永富创新力的企业

〔德〕卡伊·恩格尔
〔美〕维奥莱特卡·德尔莱亚 著
〔荷〕约亨·格拉夫
孔雁 译

商 务 印 书 馆 出 版
(北京王府井大街 36 号 邮政编码 100710)
商 务 印 书 馆 发 行
北京市艺辉印刷有限公司印刷
ISBN 978-7-100-11721-0

2016 年 1 月第 1 版　　开本 787×1092　1/16
2016 年 1 月北京第 1 次印刷　印张 10
定价:25.00 元